U0905035

大道之行

一个国铁企业精神价值的文化解读

《大道之行》编写组 编

山东城市出版传媒集团·济南出版社

图书在版编目（CIP）数据

大道之行：一个国铁企业精神价值的文化解读 / 《大道之行》编写组编 . -- 济南：济南出版社，2023.8
ISBN 978-7-5488-5802-7

Ⅰ . ①大… Ⅱ . ①大… Ⅲ . ①铁路企业—企业文化—研究—济南 Ⅳ . ① F532.6

中国国家版本馆 CIP 数据核字（2023）第 131148 号

大道之行 DADAOZHIXING

出 版 人 田俊林
责任编辑 李　敏　张冰心
孙梦岩　高邦哲
装帧设计 刘　畅
出版发行 济南出版社
地　　址 济南市市中区二环南路 1 号（250002）
印　　刷 济南铁路印刷厂有限公司
版　　次 2023 年 8 月第 1 版
印　　次 2023 年 8 月第 1 次印刷
成品尺寸 185mm × 260mm　16 开
印　　张 15
字　　数 194 千字
定　　价 59.00 元

编审委员会

主　　任　王新春　贯昌奉
副 主 任　李翔鹏
委　　员　张志强　陶现锋　王　浩　叶晓天

主　　审　张志强
编写组组长　汤红星
成　　员　郝炜华　解崇山　高玉宝　王丽萍
编　　务　刘兰慧　张　弛

大道之行

（代前言）

道言行，诗言志，精神之树开启坐标，也开启了五彩之梦。

——题记

朝阳升起在齐鲁大地。忙碌了一夜的你，容不得半点空闲，舒展腰身，弹拨着一条条银线，闪烁出迷人的光芒。

俯瞰山东铁路版图，它犹如一头拓荒牛，整个脊梁挺起在山脉平原，骨干线路跨越水河湖泊，昂起的头颅面对绵延的海岸线。你的梦想就是要覆盖大地、翱翔蓝天、驰骋碧海，眼神中透着坚毅和刚强。

此刻，你正启动“复兴号”列车，开始书写一首盛大的划时代史诗，载着梦想，一路飞奔，迸发出无限生机和活力。

劲风越过高山，总有一种力量让万木苍翠。

江河奔赴大海，总有一种力量让波涛翻荡。

人文绵长，总有一种力量让精神风韵广泛传唱。

故园情思，总有一种力量让乡情乡爱找到家的暖阳。

“厚德敬业、实干先行”八个大字，是你——国铁济南局的企业精神，也就是“济铁精神”，承载了开拓进取、拼搏奋斗的光荣历程。

厚德，滋养了你的心性；敬业，凝成了你的态度；实干，扬起了你的气魄；先行，诠释了你的担当。

丹青直笔的史书，记载着“济铁精神”这一有着丰厚积淀的词语，怎样穿越历史风云而来，怎样踏过峥嵘征途而来，怎样见证蓬勃发展而来。

你人文的根基别样深。孔子、孟子、晏子、墨子……“仁义礼智信”“民本”“性善”“修己安人”“兼爱尚贤”……优秀的传统文化至今仍散发出智慧的光彩。一列列快车，满载大仁、大爱、大信，南来北往，驰骋如梭，犁开一片片肥沃的土地，种下希望的种子，收获金黄的硕果。

你基因的链条别样红。百年前的革命先驱，用先进的思想和坚定的行动，为民族解放而不懈斗争。王尽美、邓恩铭们，把钢轨竖起来，当枪、当剑、当戟，用镰刀和斧头雕刻出崇高的信仰。

你秉承了齐鲁人炽烈而雄劲的风骨、仁义而诚信的品格、纯净而朴实的气质，用厚德的内涵演绎敬业的精神，生出实干的力量。

你并没有止步于此。先行，再次升腾文化自信，你掀动守正、创新之双翼，以勇往直前的胆略，以一流领跑的姿势，唱出飞扬天地的大风歌。

不忘初心，一切为了人民，热爱创造的你早已把荣耀镌刻在“人民”的丰碑上。此刻，你正倾力诠释新时代的精神内核，擘画新征程上的新蓝图、新目标。

加密、提速、扩通道，跟着时代的鼓点，你编织运输路网，筑起安全屏障，大气从容，胸有成竹，用安全与速度、用“双轮驱动”的劲力，成就经世通途，扇动战略翅膀。

济青高铁、鲁南高铁、济莱高铁……每一条都是动脉，都有牵引、贯通经络的意义。这些是路，也是一首首迷人的歌呀！那灯火似繁星在眨动眼眸，人们在回家的路上，就已经看到了家乡美丽的脸庞。

从“丝绸之路”到“一带一路”，世界在分享中国方案、中国智慧时，还听到“齐鲁铁汉”掷地有声的宣言。你用漫长岁月里磨出老茧的双手，驾驭超长列车，横跨欧亚大陆，横渡太平洋、印度洋，把实现人类命运共同体的行动，诠释得更美、更靓。

你给每一个车站取一个动人的名字。文化品牌，一如旅客会心的笑容，温暖河山。在站台上，确保枢纽畅通的你，是伴着朝阳的第一缕霞光。

从“理顺规范年”“改革创新年”再到“深化改革年”，企业治理体系日益形成、完善。你以韬光谋略强健自身筋骨，大步走向展示齐风鲁韵、国铁精彩的舞台中央。

让企业运转高效起来，让文化底蕴厚重起来，让高质量发展从容起来。许多新的理念正在实现，许多新的决策正在铺陈。汽笛之中，电网迎风奏乐，站台诗情盎然，钢轨欢快歌唱。

你铺就的铁路，如长长的手臂，一边揽着黄海、渤海，一边揽着泰山、沂蒙山，把传统与现代、故乡与远方，都揽在怀里，就像揽住孩子的母亲，亲了又亲，望了又望。

你知道道路从来都不会平坦，但你坚信，有多少理想就能成就多少现实，有多少个梦就能实现多少憧憬。

如今，你正在认真梳洗手中的笔，准备将它蘸满浓墨，在崭新的宣纸上描绘着最壮观的图画，脚踏实地，面向未来。

新时代济铁精神释义

厚德敬业、实干先行 是新时代国铁济南局勇担“交通强国、铁路先行”历史使命的内生动力，是新征程济铁人知局、爱局、兴局的力量源泉，是构建企业和职工命运共同体的思想根基。

厚德 是一脉相承的本色和品德。我们倡导和践行的厚德就是根植齐鲁优秀文化沃土，传承济铁红色基因，始终听党话、永远跟党走，践行“人民铁路为人民”的宗旨，服从国家战略，服务经济社会发展。

敬业 是永不懈怠的信念和格局。我们倡导和践行的敬业就是秉承兢兢业业、精益求精的职业操守，永葆专心致志、奋发向上的精神状态，将小我融入大我，奋力开创济南局改革发展新局面。

实干 是执着前行的品质和行动。我们倡导和践行的实干就是用心谋事、精心干事、专心成事，以脚踏实地的作风、坚韧不拔的意志、勇往直前的锐气，知行合一，主动作为，坚定不移把济南局做强、做优、做大。

先行 是事争一流的目标和追求。我们倡导和践行的先行就是坚持创新驱动，以攻坚克难的决心、唯先誓夺的气魄、团结协作的精神，勇于突破、敢于超越，当好“火车头”，跑好“第一棒”，在现代综合交通运输体系中发挥骨干引领作用。

厚德敬业、实干先行的新时代济铁精神，是国铁济南局鲜明的精神标志，是济铁人共同的价值追求，已融入企业与职工的血脉，汇聚起奋进新征程、建功新时代的磅礴力量，齐心开创美好未来。

胶济铁路博物馆（绘图 / 袁昊）

胶济铁路青岛博物馆（绘图 / 袁昊）

目 录

第一章 鲲鹏击浪从兹始

1918年4月，25岁的毛泽东赠诗别友，为中国共产党早期党员罗章龙（化名纵宇一郎）写下《七古·送纵宇一郎东行》："年少峥嵘屈贾才，山川奇气曾钟此。君行吾为发浩歌，鲲鹏击浪从兹始。"

诗人毛泽东引用《庄子·逍遥游》中鲲鹏之大"水击三千里，抟扶摇而上者九万里"的典故，对罗章龙寄予厚望，同时也勉励自己，不要因小事而有所羁绊，而要有"将宇宙看成小小稊米"的远大志向，树立如鲲鹏般的壮阔雄心。在那个年代，他们意气风发，挥斥方遒，胸怀鲲鹏之志，抒发一飞九万里的豪迈，表达出时代青年为国为民的宏大抱负。

今日回望，已经有一百多年了。这一百多年，是中国历史上波澜壮阔的长征，是国家和民族从屈辱走向独立直至富强的伟大世纪。时代选择了他们，他们无愧于时代。

镜头转到文化积淀厚重、革命基因强大的齐鲁大地，作为中国铁路较早萌芽的地方之一，扎根山东的先驱者以及他们的后代——被称作"济铁人"的群体，同样抱定"鲲鹏击浪从兹始"的信心和决心，在这片热土上开启了大气磅礴、志存高远、积厚持久的长征，历经革命、建设、改革等不同时期，经过几代人的努力，培育出了"厚德敬业、实干先行"的精神。同样，时代选择了他们，新时代选择了他们，他们心怀理想，大步前进，用自己的热血和汗水，实践着扶摇而上九万里的远大梦想。

一、仁义之德谓之厚德

“有朋自远方来，不亦乐乎？”这句话人们耳熟能详。它出自《论语·学而》，是山东人乃至中国人的骄傲、被誉为“万世师表”的孔子的名句。在2014年纪念孔子2565周年诞辰国际学术研讨会暨国际儒学联合会第五届会员大会开幕式上，习近平总书记引用这一名句作为开场。

孔子还说：“唯仁者能好人，能恶人”，“博学而笃志，切问而近思，仁在其中矣”，“君子喻于义，小人喻于利”，“信近于义，言可复也”。他突出强调了“仁”“义”之德。

人们评价山东人，通常会说“善良、热情、好客”，还说山东人“真诚、实在、厚道”。这种评价归纳到文化视野下，就是“仁”与“义”的表现，从这里我们可以延伸到齐鲁文化及其所创造的精神传承上来。

齐鲁大地是中华早期文明重要源头之一，一直以来的考古和学术研究认为，齐鲁文化作为山东区域的重要历史文化资源，具有聚落文明的显著特征。在此消彼长的历史发展进程中，唯有齐鲁文化所处的东方地区发展最为稳定，文化面貌最为显著。

随着历史的发展，这片土地上产生了诸多闻名于世的文化，以及文化巨匠或推动文化发展独树一帜的代表人物。他们中有在世界文化奠基工程中与亚里士多德、苏格拉底、释迦牟尼等并驾齐驱的孔子、孟子、墨子，也有人们耳熟能详的管仲、孙武、孙膑……

齐鲁文化作为山东南、北两种重要文化的集合，成为代表山东及周边地区，乃至更广阔地域的文化精神，主要体现为鲁地形成的重礼、立德的文化传统和齐地代表的崇义、尚功的多元文化。其中，鲁地重视道德宗法伦理的思想演进成蔚为大观的儒家文化，儒家文化在中国几千年的历史中曾长期占据主导地位，进而影响了整个世界。而开放包容、务实拼搏的齐地文化，对许多思想学派，诸如道家、法家、兵家等皆影响深远，筑起勇于创新、敢为人先的价值观念。齐鲁文化对后世的国家治理、士人修身等方面具有博大而深邃的推动力，是中华民族主流文化精神的杰出代表，对我们树立文化自信具有独特的价值和意义。

齐鲁文化根深叶茂，源远流长，滋养着一代又一代山东人生生不息，使其形成独特的性格特征。如果要用几个关键词来形容山东人，忠厚、正直、豁达、淳朴、崇礼、尚义、勇敢、坚韧、勤劳、智慧等，肯定是排序靠前且不可或缺的。归纳起来，“仁义礼智信”五个字基本构成了它的核心，其中“仁”“义”更具典型特征，成为山东人基本的道德准则。

“仁”最基本的内涵是“爱人”。孔子主张“泛爱众”，就是对任何人，无论是亲人还是陌生人，都要有亲之、爱之的感情。子思和孟子，对“仁”又进行了扩充与完善，认为：“仁”是人的本质，一个人只有具备“仁”的德行，才能称为真正的人；失去了“仁”的德行，就不是一个真正的人。

“义”是按照道德规范与制度要求判断一个人的行为是否正当的标准。在孔子看来，“义”是君子安身立命的根本，是个人道德修养的主要内容。古代的故事中，关于“义”的有很多，如鲁仲连深明大义，义不帝秦；关云长忠肝义胆，义薄云天；文天祥舍生取义，大义凛然……生活中，处处都有“义”的存在，例如兄弟情义、行侠仗义、国家大义等。

能形成“仁”“义”这种集体性格，得益于山东人生活的这片厚实的土地和这片土地上诞生的齐鲁文化。

交通运输，自古以来就是一个国家的社会经济命脉。从古到今，经济的发展都与交通的便利和运输业的进步有着密切的关系。自先秦至明清，各个时期的统治阶级都以修建四通八达的交通线为要务。而从文化的角度来看，交通运输网的布局、密度、速度以及周边发展，对社会生产和生活节奏都有重要影响，决定了一个国家、一个民族文化战略的规模和实施。

山东地区作为历史上经济比较发达的地区，其交通运输的发展与经济发展关系密切。进入新石器时代中晚期，黄河下游的大汶口文化、龙山文化出现，沿黄河和临渤海的居民就已经具备频繁交通往来的能力。周朝时，沿鲁中丘陵北麓是一条以国都为中心向各地辐射的周道，如果我们将古时的路线与现在的位置相对照，自西向东的济南—章丘龙山—临淄—寿光—潍坊—胶州一线，大致与周道相当。秦朝时的驰道是辐射全国的交通路网，而山东段更是贯穿今天的鲁中、鲁西南、鲁南以及胶东半岛地区，而后历经各个朝代，成为中国东部发达的交通网络。也正是路的畅达，把齐鲁文化的人道、义理精神内聚外输，扩大影响。

铁路作为近代工业文明的产物，对中国的社会经济乃至社会风气都产生了重大的影响。上海吴淞铁路、河北唐胥铁路、山东胶济铁路等，都是中国近代史上较早的铁路，影响和推动了中国近代化的发展。

比较有意思的是，齐鲁大地早期出现的胶济铁路和津浦铁路山东段的走向，从地理位置上看，竟然与孔子、孟子、墨子时代的齐国、鲁国的疆域高度重合。让我们翻开现代著名历史学家谭其骧先生主编的《中国历史地图集》，翻到春秋战国部分，就会发现这一历史巧合。在齐、鲁对峙时期，齐国疆域包括今天的山东北部、东部，势力延展到河南、河北等部分地区，而胶济铁路东西贯通整个齐国。鲁国则覆盖现在的山东南部，还包括江苏、安徽的一些地方。津浦铁路从泰山以南到接近江苏徐州，南北穿越泰安、兖州、滕州等，恰是当时鲁国境内的几个繁华地区。其实，这不是单纯的巧合，而是历时久远形成的文化轮廓构成了这样的格局。由此可见，山东铁路文化离不开根深叶茂的齐鲁文化，这里的铁路人同样有着山东人的基因。

现在，作为国有铁路驻山东的企业，国铁济南局管辖的铁路线遍及齐鲁大地。国铁济南局的九万名职工，工作、生活在铁路沿线，他们被称为“济铁人”。深厚的齐鲁文化塑造了他们的集体性格，使他们形成了独特的做事风格。无论在哪个岗位、无论从事什么工作，他们都讲“仁”重“义”，将齐鲁文化中的“仁”“义”之德融入国铁济南局自己的“济铁精神”。他们处处展现着齐鲁文化的丰富内涵和山东人的优秀品质，在这片热土上追风逐梦，并将这种精神传扬四方。

二、仁义之德的实践样板

许多古代经典著作，特别是诞生于齐鲁大地的著作，对“仁”“义”之德进行了阐述，诠释了齐鲁文化的内涵，表达了兼济天下的思想，讲授了做人做事的道理。清风明月之下，暖灯书桌之旁，静心阅读，掩卷沉思，它们总给人带来启发和启迪。

《论语》有言：“如有周公之才之美，使骄且吝，其余不足观也已。”周公辅佐年幼的周成王时，没有非分之想，只做好自己分内之事，待成王成年后便还政于他，是有仁德。《诗经·郑风·叔于田》曰“洵美且仁”，《诗经·齐风·卢令》曰“其人美且仁”，这两处提到“仁”，且都和“美”字联系在一起，显然在这里，仁是仪文美备的意思，有“文质彬彬，然后君子”的含义。《国语·晋语二》中申生拒绝逃亡时说，“仁不怨君”，“逃死而怨君，不仁”。仁体现在处理国与国的关系上，就是保护小国、救助邻国。

《论语·卫灵公》记载，有一次，孔子的弟子向孔子请教：“先生，您讲的仁德、忠义都是极好的。人人相爱，以仁义待人，确实是一种美德。仁德我很想得到，但活在世界上也是我的欲望。假如仁德与生命两者发生冲突，该怎样处理呢？”孔子严肃地回答说：“这还有什么可犹豫的呢？凡是真正的志士仁人，都不会因为贪生怕死而损害仁义，为了成全仁德，可以不顾自己的生命。”弟子恭敬地给孔子施礼，表示敬服。这时，孔子的学生子贡又问：“仁德一定是很难得到的吧？我们应当怎样去培养它呢？”孔子回

兖州火车站候车大厅的“孔孟文化长廊”（绘图 / 刘军延）

答说：“培养仁德可以从头做起。比如说，工匠要做好他的活计，必须先有得心应手的工具。对于一个国家来说，应该选择那些大夫中的贤者去敬奉；对于自己来说，就应该挑选那些士人当中的仁者交朋友。这样，才能培养起仁德来。”

在兖州火车站候车大厅内，车站工作人员专门制作了百米《论语》书法长卷，还精选了46篇孔孟名言，以图文并茂的形式，制作了百米儒家理念文化长廊，让旅客在候车、休息之余，感悟“仁”“义”之德，品味做人做事的道理。

“仁”“义”之德在国铁济南局无处不在，这也是他们几十年来精心打造并秉承的服务理念，许多服务品牌都体现了“仁”“义”之德。

围绕“仁”的思想内涵，国铁济南局将“仁”融入铁路运输服务中，使旅客、货主时时感受到齐风鲁韵带来的深情厚谊，处处感受到“仁”的存在和它带来的爱与温暖。

“高铁儒行”就是国铁济南局众多服务品牌中的一个典型代表。“高铁儒行”是隶属于济南火车站的服务品牌，它将齐鲁文化融入高铁服务，将“仁”的思想贯穿于各个环节，以优秀的服务温暖着旅客。

济南火车站位于山东省济南市，是国铁济南局管辖的特等车站，下辖济南西站、济南东站、大明湖站、曲阜东站、泰安站、滕州车站、章丘北站等车站。每天有数百趟列车通过这些车站到达全国各地，有成千上万的旅客通过这些车站回到或者离开家乡。每一位与这些车站有过交集的旅客，都能沐浴到“高铁儒行”的阳光雨露，体会到“高铁儒行”的温馨、舒适。

先从发生在曲阜东站的一个故事说起。

曲阜东站位于鲁国故都、儒家文化的发源地曲阜。2022 年 1 月 30 日（农历腊月二十八），寒风催促着人们加快回家的脚步，共享家乡那盏温暖的灯火。家住徐州的李大爷在曲阜办完事后，也匆匆赶往曲阜东火车站，打算乘坐时间最近的一班高铁返回家中。突然，他打了一个软腿，摔倒在地上，因腰伤动不了了。出租车将李大爷送到医院就诊后，李大爷抱着试试看的心理，请医院帮忙联系曲阜东火车站，请求车站工作人员帮助他进站，乘车回家。令李大爷没想到的是，曲阜东站的工作人员一口答应下来。当李大爷乘坐出租车从医院来到曲阜东站的广场时，只见车站值班员孙鲁惠和另一位年轻的车站工作人员正站在寒风中等候他。他们将李大爷从出租车里接到轮椅上，将他推进重点旅客服务区。得知李大爷是孤寡老人，两人又帮他买来车票和午餐，并将他送上列车，与列车长进行了重点交接。

后来，李大爷得知两位车站工作人员属于“小惠微善”服务队，孙鲁惠是服务队的队长。他们在“小”字上做“大爱”文章，仅2022年春运期间，就服务重点旅客130余人，寻找遗失物品190余件，服务队员每人每天步巡服务的步数高达两万多。

“善”是“仁”的重要组成部分。历史上的著名人物刘备在给其子刘禅的遗诏中说：“勿以恶小而为之，勿以善小而不为。惟贤惟德，能服于人。”刘备劝勉刘禅进德修业，有所作为。小善虽小，但是做多了就能积成大善。“小惠微善”的意义就在于此。

曲阜东站有“小惠微善”服务队，与它相邻的济南西站则有“善辉善行”服务团队。关于这个团队的故事同样很多。

2019年初夏，“善辉善行”服务团队队长胡善辉接到一个求助电话，老年旅客张泉因病到北京治疗，此时正乘坐高铁返回济南，请求济南西站提供轮椅。放下电话后，胡善辉马上准备好轮椅来到候车区等待。列车到站后，胡善辉看到张泉身体虚弱，无法行走，便急忙搀扶张泉坐上轮椅，小心地推着她往出站口走。在熙熙攘攘的旅客中，这一幕看上去温馨而和谐。可是，令胡善辉没有想到的是，张泉的爱人老范几步冲过来，一把推开胡善辉，指责他走得太快，根本不知道照顾病人的感受。

胡善辉满怀爱人、善待人的热情，此时此刻却受到无端指责，自然感到委屈。可是，胡善辉没有辩解，他安抚着两位老人的情绪，更加小心地推动轮椅。出站后，老范的情绪慢慢平静下来，看到胡善辉小心翼翼地帮助张泉上了汽车，他的内疚之情油然而生，抱歉地对胡善辉说道：“我妻子刚做完开胸手术，我心疼她，自己心里也着急，情绪就有些反常。小伙子，你千万不要生气啊！”胡善辉笑着说道：“您别在意，我一点都没有生气。”

像这样的事情，在“善辉善行”服务团队中不胜枚举。他们每天为老、幼、病、残、孕等重点旅客提供免费接送站等各项服务，动人的故事也许几天几夜也讲不完。

宽厚、包容是“仁”的内涵之一。胡善辉受到委屈，被人误解，却一点也没有降低服务标准，而是用行动诠释了“仁”的内涵。

东行的列车，从济南西站来到济南站。这个始建于1904年的老车站历经百年风云，阅尽历史沧桑。时光走到今天，济南站在说不尽的老故事里，注

孙鲁惠：脉脉温情送旅客

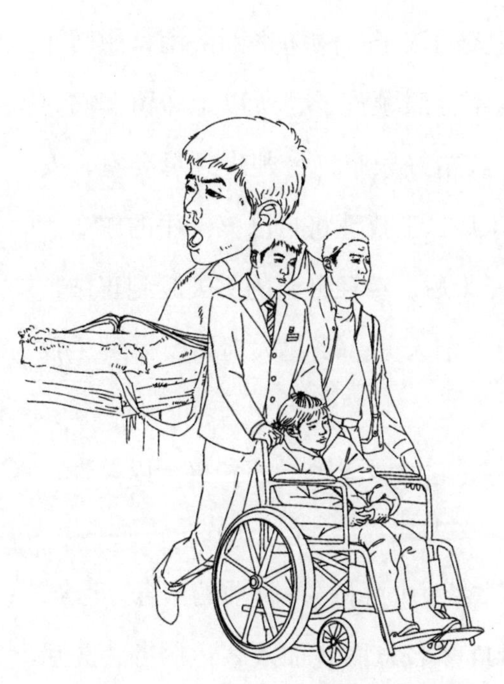

胡善辉：昔日贫困求学“大鼻涕”，
今天高铁服务好榜样

王孜慧：视旅客如亲人

入了“慧心暖途”的美丽新故事。

“慧心暖途”是济南站创建的服务子品牌，秉承“敏感、用心、用情”的服务理念，使“仁”的思想在车站熠熠生辉、闪闪发亮。

“老吾老，以及人之老；幼吾幼，以及人之幼。”这是“仁”的具体表现之一。

在济南站，有个旅客熟知的“孜慧”客服中心，“慧心暖途”的核心人物王孜慧就在这里工作。每天在候车室服务旅客，令她感慨、难忘的事情实在太多。2012 年的一天，刚做母亲不久的王孜慧发现候车室的厕所里挂满了尿布，一位年轻的母亲正抱着孩子坐在地板上哭泣。王孜慧急忙上前询问，发现年轻母亲是位聋哑人。王孜慧学过哑语，她用哑语跟年轻母亲交流，得知年轻母亲和丈夫吵架，怄气抱着两个月大的孩子从潍坊来到济南，想转车回老家四川。哪知带的路费不够，又加上不会照顾孩子，所以她滞留车站，难过得直哭。王孜慧扶年轻母亲站起来，收拾好尿布，将她带到母婴室，安顿好后，打电话联系上她的丈夫。下班回家后，王孜慧将自己孩子用的尿布、奶粉拿到车站，帮助年轻母亲照顾孩子。三天后，年轻母亲的丈夫赶到车站，接走母子二人。分别之际，年轻母亲哭成了泪人儿，跷起大拇指，夸赞王孜慧是“最美天使”。

至今，济南站的母婴室已经设立十余年，它给予无数母亲和孩子以关爱，给她们留下了深刻而又美好的回忆。

由母婴室延展而来，是王孜慧与“孜慧”客服中心持久、优质的服务。至今，她们帮助重点旅客 50 多万人次，带动 3000 多名志愿者加入客运服务，先后获得“全国青年文明号”“山东省品牌班组”等荣誉称号。

像济南站这样的母婴室，国铁济南局的各个车站都有，远的不说，曲阜东站的“母爱十平方”就是其中之一。在“母爱十平方”里，母婴用品、婴儿床、洗手池等物品和设备一应俱全，带着宝宝乘车的旅客可以在这个小房子里享受哺乳、换尿布的便利，既温馨又充满人文关怀。如今，“母爱十平方”

是经联合国儿童基金会官方认证的全国首家火车站母婴候车区。

“小惠微善”“善辉善行”“慧心暖途”是“高铁儒行”服务品牌下的三个子品牌。这三个子品牌的命名也来自孔子“三人行，必有我师焉”的名句。巧合的是，三个子品牌的三位队长的名字里，各有一个与“辉”发音相似的字，车站顺势而为，将三个子品牌合称为“三‘辉’行必优我站”，逐步形成了“高铁儒行，三‘辉’共建”的服务发展新格局。

“仁”与“义”关系密切，人们往往喜欢将两者放在一起，比如“仁义”，比如“履仁蹈义”“含仁怀义”“取义成仁”等。“义”在中国人心中的地位很高，为了“义”可以牺牲一切，甚至牺牲生命。像“杀身成仁”“舍生取义”这样的成语，就说明了这一点。

“讲义气”是外界对山东人的普遍评价，一个“义”字讲透了山东人为了国家、民族可以抛头颅、洒热血；为了理想、信念可以抛弃身家性命；为了朋友可以两肋插刀；为了维护正义可以不惧艰险，挺身而出。重情重义、重信守诺、见义勇为、仗义疏财……在山东人的身上有着说不完的“义”字，在济铁人身上更有道不尽的关于“义”的故事。

孙保卫是淄博车务段的一名普通职工，在师父不幸离世之后，他毅然替师父行孝，在自己的生命空间里，书写了一个大大的“义”字。

1988 年，18 岁的孙保卫遇到了 20 岁的师父刘志强，一对仅相差两岁的师徒，结下了深深的情谊。2000 年，不幸猝然降临，刘志强因突发疾病离开了这个世界。在此之前，他的弟弟也不幸离世。两次白发人送黑发人，刘志强的父母精神崩溃，失去了活下去的信心。

“师父和弟弟都走了，不能让两个老人掉到空里去啊！”看到两位老人悲伤的面孔，孙保卫心里想。他走到他们面前，说：“大爷、大娘，以后我就是你们的孩子，由我来照顾你们。”

从此以后，孙保卫承担起了这份原本不属于自己的责任。他二十几年如一日，精心照顾师父的父母，特别是在最初的那几年，他每年的大年三十都陪着两位老人度过，年初一才回到自己父母家中。

从 2000 年到 2023 年，23 年的时光走过，其间遇到了多少困难，孙保卫也说不清楚。除了师父的父母，他的父母、岳父母和自己的小家同样需要照顾，最难的时候，孙保卫愁得整夜睡不着觉。

“那段时间，我的父亲因脑梗偏瘫，母亲患了肾炎，岳母疑似患上癌症，师父的父母那里也有很多事情。唉，都不知道自己是怎么挺过来的。”回忆过去，孙保卫简短地说道，脸上却露出憨厚的笑容。

即使遇到重重困难，孙保卫也没有背弃当年的承诺，而是一如既往地照顾师父的父母。时间一天天过去，迈过一道道生活设下的坎，在孙保卫的照顾下，师父的父母消解了内心的伤痛，健康快乐地生活着。

孙保卫的故事生动诠释了什么叫“重情重义、重信守诺”。

滕州火车站客运主任值班员索建民见人有难，立刻仗义相助，用自己那滚烫的热情、炽热的情怀、质朴的情感，书写了一个大大的“义”字。

在滕州火车站“雷锋班”荣誉室，有一面旅客赠送给索建民的锦旗，上面写着“品德高尚、热心为民”八个大字。这面锦旗的背后藏着一个“浙江母子难忘山东恩人、22 年后跨越千里寻亲”的感人故事。

时间回到 1994 年，浙江姑娘严行富从青岛坐火车回浙江待产，途中出现临产症状，于是在滕州站提前下车，躺在站台上，情况十分危急。当时只有 23 岁的索建民问明情况后，抱起严行富就向出站口跑，同时大声呼叫同事，找来一辆做生意的三轮车，将严行富放在车上，往医院赶去。到了医院，索建民为严行富垫付了医药费。医生说，孩子胎位不正引发大出血，幸亏送医及时才保住了母子俩的生命。

严行富生产后，没有人照顾。索建民把自己的母亲接到医院照顾她，还从家里带来红糖和煮熟的鸡蛋。严行富出院后，没有钱买票回家，索建民就自掏腰包为她买了回程的卧铺票，临行前又送来一条崭新的红色毛毯给孩子裹上。严行富由于身体虚弱又走得急，忘了要索建民的联系方式。20多年来，她始终没有忘记这位山东的救命恩人，多次托朋友到滕州站等山东省的多个火车站寻找索建民。可是，由于记错了名字，她始终没有找到索建民。

2016年8月，严行富又托朋友到滕州火车站打听索建民。巧的是，朋友问的正好是索建民。得知救命恩人找到了，严行富带着儿子，从浙江来到滕州火车站，一见索建民就让儿子向他行礼，认了“干爸”。

严行富一家又来到索建民母亲家，她拿出当年那条红毛毯，激动地说：“这条红毛毯我一直珍藏着，一看到它，就会想起我的救命恩人。”

一条红毛毯珍藏的不仅是对救命恩人道不尽的感谢，也饱含着严行富对山东人、对铁路职工深刻而又美好的印象。

索建民“22年前救助早产旅客不留名，22年后被救母子千里寻亲感恩”的感人事迹被中央电视台、《人民日报》、新华网、山东卫视等多家媒体报道，在铁路系统内外引发强烈反响，网友纷纷在网上留言点赞。“索建民做好事不留名，他的事迹在大家心中闪烁着耀眼的光辉。”“雷锋精神永放光彩！滕州人因你而自豪！”“滕州人的骄傲！为你点赞！”

而这件事对于索建民来说，只是工作中发生的一件小事。工作30多年来，索建民帮助过的人，数也数不过来。

有人说，工作赋予了人相应的角色，在这个角色中，每个人都在完善自我，医生救死扶伤，老师教书育人，都在做有益于社会、有益于他人的事情。铁路职工同样如此，他们在工作岗位上，出色地完成安全生产、服务旅客的任务，遇到他人有难时，毫不犹豫地伸出援手，既出力又出钱，并且不求回报。这种境界、这种情怀，令人佩服，让人敬仰。

说完了索建民救助母子的事迹，再说一名普通铁路职工热心公益、资助贫困学生的大义之举。

霍承宝是济南东站的一名普通职工。2017 年 7 月，他了解到“麦田公益”行动资助贫困学生的情况后，也萌生了资助贫困学生的想法。在一次同学聚会上，他透露了自己的想法，立刻得到同学的响应，他们当即成立“铁中助学基金”，筹集资金，为淄博沂源山区的贫困学生提供资助。

资助之前，霍承宝等人先到沂源山区进行考察，看到村里经济作物匮乏，很多成年人进城打工，留守村中的爷爷奶奶无法为孩子提供良好的学习、生活环境，内心很受触动。

“有的贫困家庭的孩子一年到头只有几件衣服，一个月的生活费仅有 30 元，一顿饭只有一个馒头，没有菜也没有肉。”当地扶贫干部向他们介绍情况。在一户贫困家庭，霍承宝看到一面墙上贴满了奖状，孩子们对知识的渴求坚定了他们进行资助的决心。

在霍承宝的积极筹划下，“铁中助学基金”每年向每个初中生资助 1000 元，向每个小学生资助 800 元。每年儿童节、中秋节和春节前夕，他们都去看望贫困学生，为他们送去资助金、文具用品和日常生活用品。至今，“铁中助学基金”已连续资助了 7 名学生。孩子们成绩上的进步，让霍承宝欣慰不已。

“点燃烛火温暖他人，化作明灯照亮梦想。”霍承宝资助贫困学生的事迹在济南东站传开后，同事们纷纷响应，加入资助行列。一群人共同捧着一颗炽热的心，向孩子们输出源源不断的温暖。

三个关于“义”的故事，很小却很感人，蕴藏在普通铁路职工身上的优秀品质亮眼而又隽永。这些工作和生活在山东大地上的济铁人汲取着齐鲁文化的营养，在绵延不绝的铁道运输线上，树立起令人赞叹的铁路人形象。

齐鲁文化博大精深，对人们的影响深厚而又久远。它的核心思想“仁”与“义”，体现在济铁人身上的故事还有很多。这是济铁精神“厚德”的基础，也是济铁人踔厉奋发、笃行不怠的精神力量与行动指南。

三、红色是鲜明的性格

《山东铁路 1899—2021》一书的“前言”，对山东铁路的历史是这样概述的：“山东铁路，伴随着抗争帝国主义侵略而艰难起步，伴随着中华人民共和国诞生而获得新生，伴随着改革开放而成长壮大，伴随着新时代中国特色社会主义建设而迅猛发展。”“山东铁路的历史，就是一部艰难困苦的血泪史，就是一部抗击外敌的斗争史，就是一部风雨兼程的斗争史，就是一部创新发展的经验史。”

从中我们可以深切感受到，在山东铁路革命、建设、发展的不同历史时期，在中国共产党的领导下，红色基因在国铁济南局代代相传、一脉相承，深深扎在它的根系中，成长为鲜明的性格，滋养、伴随着它成长和发展。

在济南火车站广场南侧的胶济铁路博物馆，有一座高大的烈士雕像，它静静地矗立在苍松翠柏之中。雕像上的两位烈士，一位紧紧握拳，一位手抱书卷，神情肃穆，目视前方。他们便是中共一大代表王尽美和邓恩铭。

王尽美生于 1898 年，山东诸城人。邓恩铭生于 1901 年，贵州荔波人。两人在爱国运动中相识，共同出席了中国共产党第一次全国代表大会。回到山东后，他们四处奔走，宣传马克思主义，积极领导工人运动，红色力量在胶济铁路沿线的工厂、煤矿等工人集中的地方不断激发、壮大。

雕像所在的铁路博物馆曾是胶济铁路济南火车站，王尽美与邓恩铭数次从这里乘坐火车，往来济南、淄博、青岛之间。这座经历百年岁月的老建筑，至今仍记得他们坚定的步伐和那洋溢着革命热情的清瘦身影。

1919 年，胶济铁路已开通 15 年，巴黎和会确定德国在山东包括胶济铁路在内的一切特权交给日本，引发了五四爱国运动。饱受资本主义剥削和军阀、监工压榨的山东铁路工人开始觉醒，自发进行反抗和斗争，但是因为缺乏组织领导，不仅没有取得胜利，有的工人还被开除或被拉去做劳工，甚至被杀害。

中共一大代表王尽美、邓恩铭塑像（绘图 / 袁昊）

这其中就有铁路大厂的工人。

铁路大厂位于胶济铁路济南火车站的西部（今济南市槐村街），距津浦铁路、胶济铁路一步之遥。它始建于 1910 年，承担着津浦铁路天津至山东段的机车、车辆修理任务，初名“津浦铁路局济南机器厂”，因厂址种着很多大槐树，又称“津浦铁路济南大槐树机车厂”，济南市民习惯称它为“铁路大厂”。当时，厂内工人的境遇非常悲惨，每天工作 14—16 小时，每月却只有七块五毛钱的工资，没有节假日，没有生活保障，稍有不慎还要被克扣工资，血汗尽被榨取。工人们天天过得提心吊胆，感觉不到生活的希望，意志逐渐消沉，下班后要么喝酒、赌博，要么拿老婆、孩子撒气，日子过得不成样子。

大厂里有一位张姓钳工，会武术，且有侠义心肠。他感到这样下去不行，得想个法子让大伙儿振作起来。于是，张师傅组织工人在一处叫作“红房子”的宿舍练习拳脚功夫，听《三国演义》《水浒传》，鼓舞大家的士气，形成了一个工人自娱自乐的“公所”。每年正月十五前后，“公所”会组织工人们耍龙灯、踩高跷，在当时的济南影响非常大。

经常到“公所”参加活动的工人中，有一名油漆工，名叫李广义，是一名思想进步的爱国青年。他感到“红房子”是个宣传马克思主义思想的良好场所，于是邀请时任北京大学马克思学说研究会通讯员的王尽美来到这里，启发工人的革命意识。

在铁路大厂内，有座与胶济铁路博物馆差不多年龄的老建筑——厂史馆，这座至今保存完好的德式建筑曾是大厂的办公楼。大楼旁树木高耸，树叶婆娑。1921 年 5 月，伴随着春风吹过屋顶、树梢，伴随着晴朗天空传来的鸟鸣，王尽美走进了铁路大厂。他向工人们介绍苏俄革命的情况，赠送、讲解《济南劳动周刊》，暗暗号召工人组织起来，争取当家作主。6 月，王尽美与津浦铁路浦镇机厂中华工会会长王荷波，在铁路大厂正式成立工人俱乐部。这是山东省第一个具有工会性质的组织，也是全国最早一批具有工会性质的组织之一。随后，李广义、薛文英等骨干分子又办起“工人夜校”，将全厂300多名进步工人以合法身份组织起来，学习文化知识，发行进步刊物，“工人夜校”成为党组织活动的中心。

1922年6月，在铁路大厂内，王尽美、王荷波领导工人成功建立山东省第一个基层产业工会组织——大槐树机厂工会。这也是全国建立较早的工会之一，当时有“北有北京长辛店，南有上海小沙渡，中有济南大槐树”的说法。工人由最初的抱团取暖到组织发动反抗斗争，取得了一系列的胜利。此后，津浦铁路同人总工会成立，总部设在泰安府站（今泰山火车站），沿线各大站成立分会，山东铁路的革命色彩越发浓厚起来。

工会成立之后，大厂工人有了自己的组织，他们又开始秘密发展中国共产党员。1925年春，经中共山东地方执行委员会批准，中共津浦铁路济南大槐树机厂支部正式成立。刘子久担任临时支部书记，后由李广义接任，这是山东省成立的第一个企业党支部。

刘子久，山东工人运动的早期领导人，山东省广饶县刘集村人。1924年10月，党组织派他化装成工人进铁路大厂领导工运工作。在刘子久的帮助下，工人们建立了自办食堂——“饭团”，借一起吃饭的机会交流感情、传递消息。有了活动地点，刘子久便在工厂内秘密发展党员，曾先后发展党员14名，此后便成立了党支部。

时间不久，“刘子久”便成为济南机务段职工非常熟悉的一个名字。1924年冬，刘子久来到济南机务段，秘密发展牟宏伦、王吉丰、王辰廷3名党员，成立了济南机务段党支部。工人们在党的领导下，开展了轰轰烈烈的反压迫、反剥削、反侵略斗争。

1928年5月3日，日寇在济南制造了震惊世界的“五三惨案”。津浦铁路工人在中共党员、济南机务段工人李庆羲的领导下，积极参加救护工作，“经救护得全者，为数甚重”。

日军发动全面侵华战争后，济南落入日寇之手，济南机务段的火车司机卢仁杰、袁博拒绝复工为日军开火车，被丧心病狂的日寇刺死，这引起了火车司的极大反抗，复仇的烈火在工人心中熊熊燃烧。1938 年，济南机务段职工、中共地下党员房星奎、张怀珍、陈庆林奉命组建山东铁道破坏总队胶济大队第一区队第一分队，20 余名职工加入队伍，破袭日寇的铁路运输，炸毁日军的轧道车和运兵车。段内的工人则以罢工、怠工、破坏生产工具等形式，反抗日军的统治。

铁道线铺设大地，延绵不断，镌刻在齐鲁大动脉上的革命先驱的英勇事迹，激励着一代代济铁人奋发有为，拼搏向前。

沿着胶济铁路向东进发，来到它的起点——青岛，这里也有一座百年铁路大厂——四方机厂。中共一大代表、与王尽美并肩作战的亲密战友邓恩铭曾经在这里工作、战斗。

四方机厂，因地址定在青岛胶州湾畔的四方村而得名。该厂始建于 1900 年，1903 年 11 月建成投产。德日统治时期，四方机厂的工人生活在水深火热之中。1923 年，四方机厂回归民国时期北洋政府，工人们受到变本加厉的压榨、欺压。他们在铁工郭恒祥的带领下，成立了“圣诞会”群众组织，进行怠工、罢工等斗争，积极争取权益。

中国共产党领导的“五路联合会”（京汉、粤汉、津浦、正太、道清五条铁路）得知“圣诞会”成立及其影响的消息后，经请示党中央机关同意，委派王荷波来到四方机厂，引导“圣诞会”参加“五路联合会”，办起工人俱乐部。不久，王荷波调离青岛，正在青岛工作的邓恩铭来到了四方机厂，接续他的工作。在邓恩铭的组织引导下，工厂秘密组织成立了四方机厂工会。当得知胶济铁路管理局山东籍职工因为派系斗争组织举行胶济铁路大罢工时，邓恩铭积极组织四方机厂工人参加罢工，争取利益，最终取得胜利，工厂内正式挂出了“胶济铁路总工会四方分会”的牌子。

邓恩铭组织领导下的四方机厂工人罢工，影响深远，引发了之后的青岛三次同盟大罢工，沉重打击了日本帝国主义与北洋军阀的反动统治。

还有另一组无比闪耀的名字：张店铁路党支部、高密机务段党支部、四方机厂党支部、坊子铁路党支部、青岛机务段党支部……这些胶济铁路沿线的早期中共党组织，如同启明星，为一代代济铁人指明了前进的方向，在他们的心头点亮了一盏永不熄灭的明灯。

“西边的太阳快要落山了，微山湖上静悄悄。弹起我心爱的土琵琶，唱起那动人的歌谣……”这首耳熟能详的歌曲赞颂的是活跃在津浦铁路上的铁道游击队，他们的抗日故事被创作成小说和电影，走进了千家万户。

2022 年 8 月 18 日，熟悉的旋律在津浦铁路枣庄陈列馆内再次响起，情景剧《津浦风云之铁道英雄》再现了这支铁路武装队伍的英雄事迹。

津浦铁路枣庄陈列馆（绘图 / 徐思嘉）

津浦铁路枣庄陈列馆由国铁济南局兖州车务段筹划建设，是济南局“一主、两辅、多点”文博展馆建设整体规划的重要组成部分，是津浦铁路文博展馆建设的开篇之作。陈列馆坐落于津浦铁路枣庄西站（原临城火车站），车站为德式建筑，始建于清光绪三十四年（1908年），1912年建成使用，分上下两层，共计16间房屋，是中国铁路建筑史上独具特色的一座中间站。枣庄西站附近的水塔，还有韩庄站舍以及枣庄东站的候车室、站台、售票房等建筑，都被系统性地保存下来，堪称津浦铁路保存最完整、建筑类型最齐全的“百年车站”。

津浦铁路枣庄陈列馆面积为482平方米，馆藏文物、展品和图片有200余件，津浦铁路股票债券、津浦铁路界石、铁路职工抗美援朝纪念章等一大批珍贵的铁路文物和反映“鲁南铁道大队”“滕县保卫战”等历史的珍贵资料在陈列馆集中展示。

刘知侠创作的长篇小说《铁道游击队》以及根据小说改编的影视剧，讲述了抗日战争时期鲁南地区党领导下的由铁路工人组织的游击队，在铁路沿线打击日伪军的交通线，与敌人进行游击斗争的英雄故事。故事生动曲折，人物栩栩如生，富有传奇性。电影插曲《弹起我心爱的土琵琶》更是脍炙人口、深入人心。

成立于1940年的鲁南铁道大队便是家喻户晓的“铁道游击队”的原型，其成员为铁路工人和煤矿工人，主要活动在临枣铁路支线、津浦铁路韩庄至兖州段、枣庄西站、沙沟站、韩庄站、利国站……他们爬火车、搞机枪、打洋行、炸桥梁，是“全国唯一接受日军正式投降的中国共产党领导的地方武装”。

洪振海是鲁南铁道大队的大队长，他与一面党旗的故事感动了无数人。

当年，洪振海向党组织递交入党申请书后，组织上为了表示对他的信任，决定将铁道大队唯一的一面党旗交给他保管。洪振海将党旗缠在手腕上，时刻不离身，像保护生命一样保护党旗。

据洪振海的妻子李桂贞回忆："当年洪振海的手腕上总是系着一块红布，吃饭、睡觉从不解下来，洗脸、洗手又怕弄湿了……"在一次对日寇的激烈战斗中，洪振海壮烈牺牲，殷红的鲜血浸透了缠在手腕上的党旗。他用鲜血和生命诠释了对党的无限忠诚。

洪振海的故事感人至深，每一位倾听者都禁不住热泪盈眶。革命先烈抛头颅、洒热血，为的是让亿万万中国人过上幸福安康的生活。济铁人赓续红色血脉，传承红色基因，担当强路使命，在人民大步迈向幸福生活的征程上，贡献着自己的力量。

与鲁南铁道大队同时期，党还在胶济铁路组建了张博铁路大队、胶济铁路武工队、辛店铁路锄奸科工作队、胶县铁路沿线胶济一支队等，在胶济铁路沿线，一方面领导武装斗争狠狠打击日本侵略者和汉奸伪军；一方面通过

抗战时期铁道游击队的故事家喻户晓（绘图 / 解世媛）

组织铁路工人罢工和怠工、策反敌伪人员、传递情报、夺取敌军物资等方式，同敌人展开斗争。

在革命年代，齐鲁大地无数优秀的铁路儿女投身革命和抗击外来侵略者的事业，许多车站工人在地下党的领导下，利用客运工作的便利条件散发传单，宣传爱国、反战和抗日思想；许多铁路工人担任地下交通员，帮助革命武装和解放区人员穿越铁路封锁线；许多铁路工人通过获取敌军物资、窃取敌军情报、破坏敌军运输、开展地下工作等方式，参加和支持革命斗争，发挥了积极作用。其中，有很多铁路工人直接参加了革命工作，为新中国的诞生贡献力量甚至献出宝贵的生命。

被命名为“青年号”的823机车组，它的光荣事迹注定会在国铁济南局的红色历史上留下浓墨重彩的一笔。

打开尘封的相册，一张中国人民志愿军的老照片映入眼帘，照片中的何玉砚穿着军装，英姿飒爽，那年他25岁。1951年6月，“青年号”机车作为当时济南铁路局首批参战火车司机驾驶的机车，跨过鸭绿江赴朝鲜参战。张鸿奎、何玉砚是第一批主动递交申请书、决心书的火车司机。

在炮火连天的抗美援朝战场上，铁路运输线的安全畅通是保障作战部队物资供应的“生命线”。是他们，临危受命，冒着敌机几番低空扫射的危险，克服机车水位严重下降的困难，英勇无畏、机智勇敢地把一列装有1500吨榴弹炮弹的军车安全送到目的地。正是这一列车弹药让志愿军顺利完成第五次战役，该机车组也因此荣立“集体一等功”。是他们，负责运输一批重要文件和军事地图，他们集体向党宣誓：“人在车在，宁可牺牲自己，也要保证列车安全。”运输途中他们巧妙地隐蔽列车，躲过敌机的多次侦察和轰炸，圆满完成任务，荣立“集体特等功”。还是他们，在美帝联合国军的“绞杀战”中，冒着枪林弹雨一次次运输伤员、抢运军需物资等，胜利完成一次又一次重要任务，何玉砚也用自己获得的六枚勋章证实了“人在车在”的豪言壮语。

那段时光虽然已经远去，但革命先驱的精神却永存不朽。历史记录下他们那光辉、闪亮的名字，引领济铁人大步向前。

四、不忘初心，坚守初心

初心是什么？初心作为一个汉语词语，意思是最初的心愿、信念。

初心是我们最开始的本心、最开始坚持的信念，而中国共产党的初心是带领广大中国人民谋幸福、谋复兴、谋进步。

国铁济南局落实“以人民为中心”的理念，始终秉承“人民铁路为人民”的宗旨，以服务人民群众为己任，在齐鲁大地上，把红色基因发扬光大。

让我们跟随英烈的脚步，追随他们的目光，来到山东淄莱地区。这里有一趟“小火车”，以特殊的方式铭记着王尽美与邓恩铭的革命事迹。它沿途停留的小站，曾经目睹王尽美与邓恩铭披着阳光，在微风中行走的身影。伴随着汽笛长鸣，“小火车”在时光中穿梭，用那永远不变的颜色苍翠了大山的树木，灵动了蓝天的鸟鸣，润泽了山间的清泉。它秉承革命先烈的遗志，穿行于崇山峻岭之间，畅通了山民的出行路，为山区百姓带去了幸福生活。它用那铿锵的滚滚车轮声，演奏着“人民铁路为人民”的时代凯歌。

这便是运行于淄博至泰安间的 7053/7054 次“绿皮小火车”。之所以称之为“小火车”，就是因为它当初的短、旧、慢。

7053/7054 次“小火车”开行于 1974 年，它从淄博出发，经胶济铁路、辛泰铁路，单程运行 5 个小时到达泰安市。它绝大多数时间穿行于鲁中山脉，曾经是山区百姓出行的重要交通工具。在“复兴号”运行时速高达 350 公里的今天，“小火车”的平均时速仅 36.88 公里，全程票价 11.5 元，最低的票价为 1 元。它是国铁济南局运行速度最慢的列车，也是全国票价较低的列车之一。

每天早上，披着满天的霞光，“小火车”从淄博火车站开出，沿胶济铁路向东经过湖田站、金岭镇站、东风站等车站，南下进入辛泰铁路，沿途经过南仇站、刘征站、黑旺站、西桐古站、北牟站、口头乘降所、源迁站、南博山站，驶出淄博，最终停靠泰山站。它所经过的站点所在地或者附近，曾经是王尽美、邓恩铭到淄博矿区发展工人运动时所经或所到之处。

淄博火车站位于淄博市张店区，原名张店火车站，始建于1903年。离这座火车站不远的远方，有一处天主教堂，教堂东侧坐落着一座刻有“中共张店车站支部旧址”的石碑。它所铭记的是1925年2月成立的张店区的第一个党组织——中共张店车站支部。在“黑云压顶”的年代，这个支部是党在淄博秘密活动的联络点和派往各地的地下工作人员的中转站。党的早期领导人孙秀峰、王元昌、朱霄、张洛书等多次途经张店，均受到中共张店车站支部的掩护与帮助。

“小火车”驶出淄博火车站不久，就看到了湖田站与金岭镇站的身影。这两个车站同样拥有百年历史，虽然已经停止办理业务，但是黑底白字的站牌依旧挺立在日光之中，倔强地证明着它们的存在。

王尽美、邓恩铭数次乘坐火车往来济南、青岛之间，他们的目光也许会掠过张店、湖田、金岭镇火车站那德式的站房，心中涌动着强烈的“振兴中华”的愿望。

“小火车”驶入辛泰铁路不久，便到达黑旺火车站。黑旺站的不远处便是洪山镇，那里有着丰富的煤炭资源。就是因为这煤炭资源，19世纪末20世纪初，德国修建胶济铁路时，修建了张博支线和淄川通往洪山的铁路支线，并开凿淄川煤矿，掠夺中国的煤矿资源。一战期间，德国战败，日本接续管理煤矿，矿工们过着生不如死的生活。王尽美、邓恩铭多次深入矿区，宣传马克思主义思想，日夜开展工作，组织工人运动，发展党的组织。在王尽美、邓恩铭的指导和帮助下，1924年7月，经中共中央批准，淄博第一个党支部——中共淄博支部（又称“中共淄博矿区支部”）正式成立，直属中央领导。

行进在山野中的7053次“庄户列车”（绘图 / 刘军延）

“小火车”在大山中穿行，经西桐古站、北牟站和口头乘降所来到源迁站。这一带群峰雄峙、山高谷深，是辛泰铁路隧道最密集的地段。其中口头隧道全长1228米，是辛泰铁路线最长的隧道，里面空间狭窄、缺氧、没有手机信号，还有粉尘和废气污染。每隔一段时间，就有铁路职工前来巡查线路、检查设备，确保火车安全运行。

辛泰铁路全长184公里，架设65座桥梁，修建587座涵洞，开挖22座隧道。那些隧道只有6座建在直道上，其余16座全在弯道上。隧道所处区段山势蜿蜒、沟谷交错、地势险要，常有山洪暴发，除了养护隧道、线路、供电网、信号设备的铁路职工，很少有人步行到达那里。

源迁火车站位于淄博博山区的源泉镇，源泉镇的西北方向就是沙子顶煤矿。王尽美在博山矿区发展工人运动时，曾深入沙子顶煤矿工人中，宣传革命思想，发动工人建立组织，谋求解放。

沿着王尽美和邓恩铭留下的革命足迹，“小火车”在深山继续行驶，而今它不仅仅是一趟乘载旅客的普通列车，也是开进百姓心中的“庄户列车”、帮助山民走向幸福生活的“扶贫致富车”、推动山村经济发展的“公益慢火车”和全国有名的“网红”列车。

说起 7053/7054 次“小火车”，其秉承“人民铁路为人民”的宗旨，服务鲁中山区百姓近 50 年，初心不改，服务只升不降、票价始终不提的过程，沿线的老百姓最有发言权。

他们说，列车刚开行时，由蒸汽机车牵引，一开车就呼呼地往外冒浓烟，车厢里的座椅是木制的，后来换成了内燃机车，车厢座椅也换成了皮座椅。列车里冬天是土暖气、夏天是电风扇，乘务员自烧茶炉，送开水。烧煤炉这个活很辛苦，因为乘务员每趟车都要搬上两袋各 80 斤重的煤炭（冬季则数量

7053 次“慢火车”承载着山区村民的致富梦（绘图 / 解世媛）

翻倍），结束值乘任务后，又要卸下烧过的煤渣，不停地忙活，有时候满脸、满身都是灰尘。

那些年，这趟“小火车”是山民出山、进城的唯一交通工具，列车编挂12节车厢，仍然有人找不到座位。山民们背着鸭蛋、煎饼、地瓜、酸枣、小米、桃、杏等，抵达集市、城镇，进行售卖，再购买生活日用品，返回山里。天长日久，他们就跟列车长、列车员成为老朋友。一位叫作赵新华的列车长，更是成为山民的“家里人”。

20世纪80年代至90年代末，伴随着改革开放的大潮，山里人乘坐着“小火车”外出打工、寻找商机、售卖山货，走向了发家致富的道路。他们有的成立工程队，由“打工人”变成了“老板”；有的通过火车把村里的石头、地瓜卖到城里，增加收入……对于“小火车”，山民们有着说不完的话题、说不完的感谢。

随着时代的发展，“小火车”也不断升级改造，辛泰铁路实施了电气化改造；牵引“小火车”的机车头由内燃机更换为电力机车；2020年，列车又升级为空调列车。在列车上度过了工作生涯中绝大多数时光的赵新华也面临退休，接任的列车长穿行于车厢内，同样为旅客们提供着温暖、温馨的优质服务。

由于对美好生活的向往，人们对旅游休闲有了更多的追求。7053/7054次“小火车”途经15个优美的古村落、6个特色小镇，吸引了众多旅游者的目光。“小火车”由往山外运输旅客变为往山里拉载旅客。近几年来，它每年运送旅客近40万人次。“小火车”的沿途线路成为山东省内一条独具特色的“黄金旅游线”。

为了让“黄金旅游线”成为“热点旅游线”，国铁济南局依托这趟“小火车”，积极开发旅游项目，适时推出“7053网红小火车——带你穿越时光的旅行”“齐文化探秘一日游”“中郝峪幽幽谷休闲两日游”等旅游项目，开办“中国首家绿皮慢火车书店”，组织“坐着慢火车寻找诗和远方”“7053公益慢火车‘春之声’诗歌之旅”“7053，你和一本书的故事”等文化活动，吸引全国各地的旅客前来旅游观光。依靠源源不断的客流，山民们不用出门，在家门口就能挣到钱。

“为中国人民谋幸福，为中华民族谋复兴”是中国共产党人的初心和使命。运行于大山深处的7053/7054次“小火车”搭载着山民，向着幸福生活疾行。

在国铁济南局，有一支特殊的队伍，它与“机、车、工、电、辆”五大系统一样，同属于铁路单位，从事的却是铁路桥梁建设、维护和抢修工作。那里的职工不仅会驾驶冲锋舟、会潜水，还能在很短时间内架设一座舟桥，横跨宽阔的黄河，运输汽车，通过部队。

这就是铁道战备舟桥处——中国唯一一支铁路舟桥专业保障队伍。

铁道战备舟桥处位于山东齐河县的黄河边上，前身是始建于1964年的中

舟桥处开展抢架铁路舟桥演练（绘图 / 徐思嘉）

国人民解放军铁道兵独立舟桥团，于1984年随铁道兵并入铁道部，集体“兵改工”，成立铁道部工程指挥部舟桥工程处，1990年10月正式命名为铁道战备舟桥处，2002年1月移交济南铁路局管理。都说铁路是半军事化单位，那么舟桥处更可以说是全军事化单位。从部队到铁路，脱去军装，换上铁路制服，舟桥人的军人本色不变，身上流淌的军人热血不变，“听党话，跟党走”“党叫干啥就干啥”的初心不变。他们奋斗的足迹从黄河岸边一直延伸到祖国的江河湖海，所到之处都留下了济铁人、舟桥人的铮铮硬汉形象。

青山人不老，铁骨述忠诚。那从青藏高原而来，历尽千难万阻、饱经历史沧桑的母亲河——黄河，看到了舟桥人日夜拼搏的身影，感受到了舟桥人对铁路、对事业、对生命的无限热爱。黄河静默，但是她用飞溅的浪花、无尽的涟漪、奔腾的水流，讲述着舟桥人的动人故事，宣传着他们的感人事迹。

时间来到2004年1月18日，这一天是农历腊月二十七，距离新年只有三天。下午1时15分，舟桥处值班室突然接到局里的指示：济南泺口黄河铁路大桥第3孔第4节纵梁与横梁连接角钢开裂，严重危及行车安全，立即组织人员抢修。

险情就是命令。放下电话，舟桥处领导马上召开紧急会议，安排人员立即出发，察看现场，摸清险情，制订抢险加固方案，迅速调度抢险人员、器材设备、运输车辆赶赴现场。

凛冽的寒风中，40名身着迷彩服的应急保障队员，携带抢修器材，快速来到抢修现场。当吊机和运送器材的货车准备向预定位置开进时，一片洼地拦住了他们的去路。有人试着在洼地上行走，脚一踩上去，就往下陷，根本无法行走，更别说通过吊机、货车。

怎么办？

“人工把设备扛过去！”

随着一声令下，应急保障队员迅速行动。他们找来木板，在洼地上铺垫出临时通道，硬是靠着手抬肩扛，将抢险物资运到了指定地点。浑身冒出热汗的队员顾不上休息，立刻投入紧张的抢修工作。他们连续奋战7小时40分钟，提前近2小时完成抢险任务。

伴随着黄河的涛声，我们把目光移向2021年8月3日15时，舟桥处职工蒋国军正和同事在山东东明黄河大桥上施工。突然，他听到“扑通”一声水响，转头一看，一个人影正在黄河水中上下浮沉、挣扎。

“不好，有人落水了！”蒋国军立刻拿起身边的救生圈，向落水者抛了过去。但是由于距离太远，救生圈绳子不够长，根本抛不到落水者的身旁。情况危急，落水者随时有被淹死、被泥沙呛到窒息、被急速的水流冲走的危险。蒋国军来不及多想，飞速跑到桥下，跃入水中，奋力游到落水者身边，好不容易拉住了她。但是，落水者一心求死，挣扎着、拍打着，不肯让蒋国军救她。蒋国军一面抓紧她，一面做她的思想工作，终于使她平静下来。随后赶到的同事一起过来帮忙，将落水者拉到了岸上。

像蒋国军这样见义勇为的人，在舟桥处还有很多，这些见义勇为者站在一起，能组成一个壮观的队伍。一个单位为何会涌现出这么多优秀的职工？那些尘封的英雄事迹也许会告诉我们答案。

1949年1月16日，新中国诞生前夕，国民党为阻滞解放军南下，将素有“千里淮河第一桥”的津浦铁路淮河大桥炸毁，导致津浦铁路运输瘫痪。

4月中旬，为早日实现铁路畅通，中国人民解放军铁道兵团决定在原桥上游30米处临时修建一座铁路便桥，工期3个月。共产党员、潜水队队长——39岁的王吉珍参与了铁路便桥的搭建工作。修建便桥，需要在河床底部安放装满石料的沉箱。王吉珍5次冒着生命危险潜水定位，每次在水下工作5个小时，当他第6次潜入水中时，湍急的河流将他冲进装满石料的巨大沉箱，不幸牺牲。

7月1日，木质铁路便桥建成通车，津浦铁路全线贯通。然而就在这期间，又有刘建国、李鸿顺、周福贵、周建武、任武志五位潜水队员相继牺牲。

当年 11 月，淮河铁路大桥开始修复施工，1950 年 7 月恢复通车。同大桥一起建成的还有一座建桥烈士纪念碑，上面镌刻着王吉珍等人的名字，它矗立在桥头，记录着舟桥人的奉献与牺牲。

目光越过淮河铁路大桥，来到 1950 年的朝鲜战场，这里同样有舟桥革命前辈战斗的身影，王东源就是其中的一位。

那年 10 月，王东源由于潜水专业技术过硬，要求迫切，光荣来到朝鲜战场，参加中国人民志愿军的抗美援朝战争。

朝鲜大同江铁路大桥是中国和朝鲜军队重要的铁路运输干线，以美国为首的联合国军队，派飞机轰炸大桥，妄图切断这一重要运输通道。一次轰炸后，大桥的桥墩基础遭到破坏。

潜水班的同志们划着渔船来到被炸的桥墩旁进行抢修。王东源和崔班长穿上潜水衣潜入水下，检查水中桥墩基础。他们发现破坏并不算严重，可是两枚尚未爆炸的定时炸弹就卧在桥墩附近的水中。同时，桥头也发现了同样未爆炸的定时炸弹。

王东源和崔班长在水下透过能见度只有 1 米的头盔目镜，一边配合修复大桥，一边寻找定时炸弹。定时炸弹有随时爆炸的可能，可是他们毫不畏惧，毫不退缩，花费一上午的时间，找到并排除定时炸弹 15 枚，保护了大桥的安全。

在四川省大渡河大峡谷腹地，有一座“铁道兵博物馆”。馆内“铁道兵英雄模范单位和人物”光荣榜上，一等功荣立者、独立舟桥团徐智赫然在列。

徐智，1942 年出生于安徽太湖，22 岁入伍成为一名铁道兵独立舟桥团战士。1969 年 8 月的一天，徐智所在的排在山东益都县（今山东青州）火车站执行铁路支线抢修任务时，一列疾行的列车由东向西驶来，一名正在轨道上玩耍的小男孩由于受到惊吓，呆呆地立在原处，忘记了逃离铁路。在千钧一发之际，徐智与战友快速奔来，在火车距离小男孩十多米远时，徐智一个箭步迈上钢轨，一把抱起小男孩，奋力一跃，跳离了轨道。火车擦着徐智身后飘起的衣角呼啸而过，强大的气浪把紧紧抱着小男孩的徐智卷到路基下面。小男孩得救了，毫发无伤，徐智却头部、腰部多处受伤，昏迷了两个小时。

1976 年唐山大地震时，蓟运河京山线汉沽铁路大桥被损毁，短期内无法修复，这是运送救灾队伍和物资的唯一一条铁路线。7 月 31 日 18 时，铁道兵独立舟桥团接到中央军委的作战命令，8 月 10 日前抢通京山线。

徐智闻讯后，第一时间递交了请战书，与 470 名战友赶赴震区。经过 60 多个小时的昼夜鏖战，他们架通了长 224.62 米的蓟运河铁路浮桥，提前一天半恢复京山线铁路运输，保证了大量救灾人员和物资及时抵达灾区，受到中央军委和铁道兵总部的通令表彰。

赓续红色血脉，续写英雄史诗。一代代舟桥人踏着先辈们的足迹，建功立业，砥砺前行。风霜雨露磨砺了他们的意志，崇山峻岭坚定了他们的脚步，波涛浪涌强壮了他们的身躯。伴随着日升月落，他们在天地间继续书写着舟桥人的传奇。

撷取几个镜头，看一下舟桥人那高大的身影。

四川凉山彝族自治州北部的甘洛县，山势陡峭、深涧密布，地质情况复杂，是一个被多国专家断言为“修路禁区”的地方。舟桥人在那里参与了新成昆铁路线的建设工程，出色地完成了两座特大桥的基础施工任务，收到了“精心施工、质量可靠”和“抗洪救灾、无私奉献”的锦旗。

架设桥梁的同时，舟桥人还肩扛工具和材料，起早贪黑，连续大干五天，为工地附近的村民修了一条水泥路，解决了他们雨天出行不便的难题。

宁夏中卫市，黄河滩涂常年黄沙满天飞，自然环境恶劣。刮风沙时，一夜之间就能从门缝中刮进来一个微型小沙丘。冬天零下十几摄氏度是常态，人们在户外，即使戴着帽子、口罩、眼镜，脸颊也会被大风刮得红肿。在这里，舟桥人克服重重困难，完成中卫南站黄河大桥基础施工任务。

在宁夏乌玛地区，舟桥人不仅完成了镇罗黄河特大桥建设项目，还使用自有机械无偿为驻地徐庄村修缮农田、灌溉沟渠，加固黄河两岸的果林、田地、河堤，改善电力线路。他们想方设法帮助当地贫困户解决就业问题，优先雇用当地生活困难的村民，通过职业技能培训和“师带徒”的方式，帮助这些村民锻炼就业和谋生本领，受到当地政府和百姓的欢迎。

比天空更高远的是胸怀，比火焰更炽热的是热爱。舟桥人从山东出发，从黄河岸边出发，用坚实的脚印，将国铁济南局的“厚德”精神带到了大江南北，深深镌刻在了祖国的大地上。

听，“复兴号”穿越蒙山沂水，革命老区迈进了高铁时代；看，老区百姓喜笑颜开，沿线车站锣鼓喧天，铁路线通达全国、连接世界，九万济铁人助力革命老区的建设和发展，沂蒙人民大步流星迈进更加幸福的生活。这盛世正如您所愿，长眠于苍松翠柏中的革命先烈，心慰了，心安了。

高铁开进沂蒙山区（绘图 / 刘军延）

沂蒙革命老区是一片红色热土。革命战争年代，百万人民积极拥军支前，十万英烈血洒疆场。沂蒙红嫂用乳汁救助年轻战士，还跳入冰冷河水，肩扛门板，架起长桥，让战士们跑步过河杀敌……她们送子参军、送夫支前，缝军衣、做军鞋、抬担架、推小车，舍生忘死救伤员，不遗余力抚养革命后代，谱写了一曲曲水乳交融的军民鱼水情的颂歌。

2013 年 11 月 25 日，习近平总书记来到临沂市临沭县曹庄镇朱村，了解革命老区群众生产生活情况，强调指出，“让老区人民过上好日子，是我们党的庄严承诺”。

高铁开进沂蒙山，正是铁路人对这一承诺的兑现。

沂蒙山区山连山、崮连崮，逶迤八百里，曾被形容为“四塞之固、舟车不通”。交通不便阻碍了经济发展，修建一条穿山越岭的交通要道，使大山变坦途势在必行。1981 年 4 月 1 日，从兖州通往日照石臼所的兖石铁路开工建设，1985 年底铁路施工全部结束，1986 年 1 月 1 日全线通车。

兖石铁路大部分穿行于沂蒙山区南部，那里以平原、谷地和丘陵区为主，地形平缓，但局部起伏较大。线路在临沂至莒南间横跨沂沭断裂带，途经 7 至 9 级地震区。全线跨越沂河、沭河等 110 条大小河流。铁路修建难度之大，由此可见一斑。

像当年拥军支前一样，沂蒙人民一如既往地支援铁路建设。施工过程中，因为土石方工程需要尽快完成，铁路沿线的男女老少齐上阵，不分昼夜地运土凿石。运土筑路的重载汽车少，人们就用木制的单轮小推车一车又一车地推土运送。当时参与运输的民众队伍，绵延数公里。

受当时的条件制约，缺乏大型机械，遇到岩石带影响工程进度时，勤劳的沂蒙人就一下又一下、一石又一石，凿碎拦路的岩石带。

兖石铁路开通那天，沿线百姓一片欢庆。为感谢老区人民为修建铁路做出的巨大贡献，当时的济南铁路局决定：春节期间，兖石铁路沿线人民免费乘车。

饱受交通不便之苦的沂蒙人坐上列车，来到山外的世界，看到了更加广阔的天地。他们难掩内心的激动，但是仍然不改朴素的情怀——有老百姓拿着一捆喂牲口的草料上车，担心火车跑累了，没有东西吃，他想等火车歇息时，喂它吃草料，攒攒力气。

时光荏苒，岁月如梭。伴随着中国铁路事业的飞速发展，高铁成为人们出行的重要交通工具，它加快了人员的流通，拉近了城市间的距离，促进了地方的发展。看着外面高铁飞驰，依然主要乘坐普速列车的沂蒙人民热切盼望高铁的到来。

老区人民有梦想，国铁企业有担当。2016 年 12 月 17 日，日兰高铁临沂—曲阜段开工建设；2019 年 11 月 26 日，日兰高铁日照—曲阜段开通运营；2021 年 12 月 26 日，日兰高铁曲阜—菏泽—庄寨段开通运营。沂蒙革命老区不仅有了高铁，而且高铁开到家门口。

一位参加过孟良崮战役、淮海战役的老战士乘坐“复兴号”在蒙山沂水间穿行，他说：“像飞起来一样！我做梦也没想到，这辈子还能看到‘复兴号’开到俺家门口。”

牛庆花是临沂市蒙阴县孟良晏园农副产品有限公司总经理，以前她都是用面包车拉着山货到外面售卖，临沂通了高铁后，浙江、广西、北京等地的客商坐着高铁来她的公司实地考察，纷纷签下蒙阴水蜜桃的预售合同。

通过铁路、通过高铁，沂蒙山区的人与货不仅通达全国，而且走向世界。24 条国内外货物运输线路，使得从革命老区出发的货物班列通达俄罗斯、德国、蒙古国、乌兹别克斯坦等国和广州、成都、重庆、乌鲁木齐等国内多地。“多点直达”的班列运输网络成为老区对外开放的新亮点。

“愚公移山，改造中国，厉家寨是一个好例。”这是毛泽东主席对地处沂蒙深山的小村庄厉家寨的称赞。站在高处俯瞰，“复兴号”如同长龙，穿

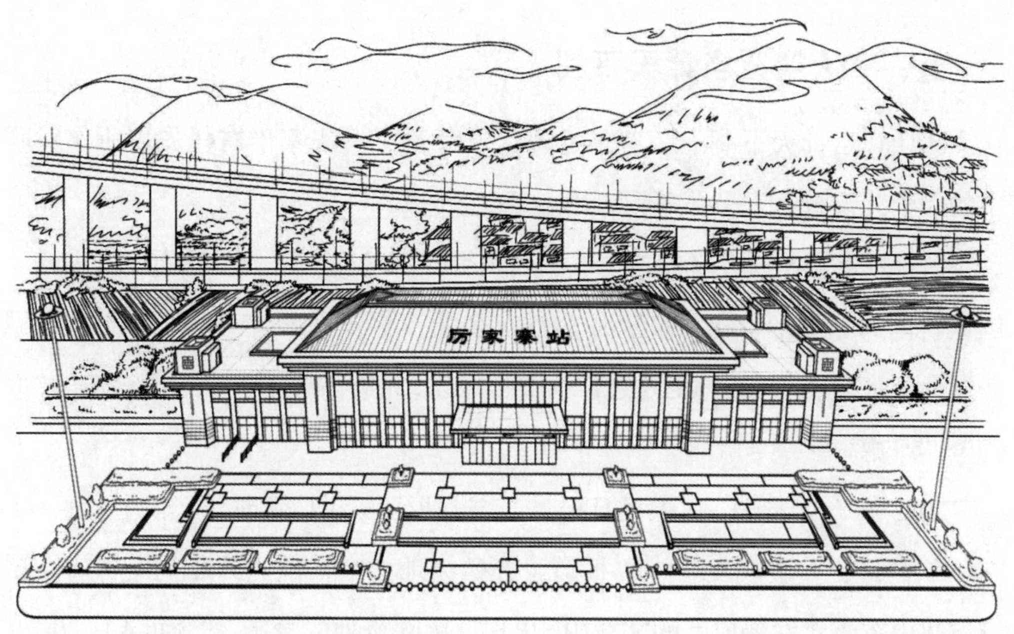

厉家寨高铁站："愚公移山"好例，高铁飞越振兴（绘图 / 解世媛）

山越岭，飞驰而至；它又如彩带缠绕山间，缓缓地停在厉家寨村前。这个著名的小村庄拥有一个处于村头的高铁车站——厉家寨站。

厉家寨村是"中国樱桃第一村"。"高铁开到家门口"给这个村庄带来了更大的发展空间。高铁开通之前，村民销售的樱桃都是发空运，运费高、销量低。村里通了高铁后，运输成本下降，村民的收入大幅提升。不仅厉家寨村的村民受益，以村庄为中心，坪上镇、朱芦镇等 18 个村的一万多户果农也体会到了高铁带来的巨大变化和经济上的收益。

高铁的开通不仅带动了一方经济发展，还带来了城乡格局的改变。它使人们出行的脚步更稳、更远。它将眼前的世界送到远方，也将远方的气息拉到眼前。它促进了文化的交流发展，加快了文明的飞跃提升，意义重大而又深远。

五、“大德”当计天下利

“计利当计天下利。”这是近现代教育家、书法家于右任先生所作对联中的句子，曾被习近平总书记引用。

国有企业是国民经济的主力军，肩负着经济社会发展“压舱石”的重任。国铁济南局始终把有担当、有作为摆在企业改革发展的“头阵”，履行好服务社会经济发展的责任。正是这样的责任意识，完美体现了一个国铁企业的“大德”“厚德”。

2022年7月25日，《人民日报》“奋进新征程 建功新时代·非凡十年·山东篇”栏目，整版刊发了一篇报道《齐鲁大地“走在前、开新局”》。在这篇综述山东十年发展成就的文章中，出现了中欧班列的身影：“今年4月30日，一列中欧班列（齐鲁号）由济南南站发出，满载空调配件、太阳能设备等货物，驶向匈牙利布达佩斯。”

“齐鲁号”中欧班列是国铁济南局在中国国家铁路集团有限公司组织下开行的国际集装箱班列。自2018年10月31日开行以来，“齐鲁号”中欧班列运营日趋成熟，陆续推出“日韩陆海快线”“上合快线”“鲁欧快线”“中老国际货运列车”等国际联运产品，运营线路达到52条，直达“一带一路”沿线23个国家、54个城市，构筑起东连日韩、西接欧亚的国际物流大通道，打造了“一带一路”国际合作新平台，也为山东全省打造对外开放新高地提供有力支撑。

“交通强国，铁路先行。”国铁济南局自觉承担政治责任和社会责任，为山东“走在前、开新局”注入强劲动力。

“高铁网越织越密，乘环形高铁游齐鲁，人民出行体验更美好。”“山东始发终到中欧班列密集开行，高质量发展跑出‘加速度’，彰显中国经济活力十足。”“‘铁’动力赋能乡村振兴，成为老百姓奔小康的强力引擎……”

一部广泛传播的专题片《肩负先行重任助推齐鲁大地“走在前、开新局”》，展示了国铁济南局勇当开路先锋，积极推动山东经济社会高质量发展的担当作为。

自2016年11月山东境内第一条城际高铁——青荣城际铁路全线开通运营起，山东铁路建设高歌猛进，济青高铁、青盐铁路、石济高铁、日兰高铁日照至曲阜段、潍莱高铁、日兰高铁曲阜至庄寨段相继开通运营，山东“四纵四横”普速铁路网、“两纵两横一环双核”高铁网初步形成，每天有670多列高铁列车在齐鲁大地上飞驰，“高铁出行圈”助力地方社会经济加速发展。

旅客出行体验越来越好，公益性“慢火车”、高铁环线、城际直达、市域列车、旅游专列，满足不同需求。电子客票、智能安检、铁路e卡通、商旅贵宾卡、互联网订餐等，让人们的旅行生活更有品质。旅客年发送量由1.07亿人次增长到1.59亿人次。

两千多年之前，张骞出使西域，在驼铃声声中开拓出丝绸之路，打开了中国与中亚、西亚、欧洲贸易交往的大门；两千多年之后，呼啸穿梭的中欧班列，开辟了亚欧陆路运输新通道，续写人类命运共同体的勃勃生机。凭借山东区位优势，依托山东省“四纵四横”骨干路网，国铁济南局密集开行中欧班列，为全球开放合作注入中国动力。截至目前，从山东始发的中欧班列开行总量超过6000列，陆路物流总量位列全国第一。

大江流日夜，慷慨歌未央。从乡村振兴到黄河战略，从“一带一路”到走在前列，国铁济南局在赋能齐鲁发展“走在前、开新局”的多彩画卷上书写下了“铁”字号的精彩华章。

看过《人民日报》与专题片，让我们再看一场别开生面的见面会。2022年10月9日，“这十年·国铁济南局”媒体见面会在济南举行，五位来自一线的铁路职工以普通劳动者的视角向社会媒体讲述了济南局十年来服务社会、服务民生的担当作为。

刘涛是济南西工务段济南东高铁车间主任，主要从事石济客专养护维修和即将开通的济莱高铁的介入工作。他先后牵头组织了石济、济青、潍荣、济莱四条高铁的前期介入工作。从高铁线路养护工作的“小白”到独当一面的高铁维护技术骨干，他见证了这十年高铁人为了掌握高铁维修养护规律夜以继日的艰辛探索，也见证了高铁人为了保障高铁的运行安全昼伏夜出的倾情奉献。为了保证高铁桥梁、轨道、钢轨的高平顺性，刘涛和团队曾夜行 6 公里只为调整 1 毫米的误差，也曾爬过距离黄河水面近百米的黄河钢桥，还曾一米不落地敲击过济青高铁 10 公里长的青阳隧道。

“我们的职责就是要让高铁更安全、更平稳。当看到‘复兴号’奔驰在祖国广袤的大地上，我感到付出都是值得的。”刘涛说。

青岛北站客运车间的客运值班员们，见证了青岛北站从2014年1月开通运营时的一天14趟列车到如今最高时达到一天287趟列车；见证了旅客的购票变化，手机购票、电子客票、候补购票、在线选座、计次车票、积分换票解决了以往旅客出行购票难的问题；也见证了国铁济南局“五一”小长假期间单日单站旅客发送10.2万人次的最高纪录，其间他们每名工作人员的日行步数都超过了3万。

王化新是青岛动车段动车组机械师，工作时腰间总是别着手电、钥匙和检修工具，被同事们亲切地称为“动车医生”。作为最早一批从事动车检修的技术骨干之一，王化新见证了国铁济南局配属动车组从 45 列增至 221 列，从 2 个动车所 8 条检修线增至 5 个动车所 25 条检修线，日检修能力从 19 个标准组增至 92.5 个标准组。他也从掌握单车型、单系列动车组成长为能够熟练检修“和谐号”“复兴号”9 种车型、四大系列动车组的“五星级机械师”。

张卓是济南机务段动车组司机，是山东首批“90 后”动车组司机之一。近年来，山东每年都开通高铁，动车组列车开行进入快速增长时期，青年职工获得了开上中国顶尖火车的机会。如今，他如愿开上了“复兴号”列车，成为追寻“速度与激情”的追风青年。

一篇报道、一部专题片、一场见面会如同美丽的鲜花在人们面前热烈绽放，迎着灿烂的阳光，散发着沁人心脾的芬芳，展示了国铁济南局的国企担当。

铁龙飞驰，不舍昼夜。实干筑梦，气象日新。“践行‘人民铁路为人民’的宗旨，服从国家战略，服务经济社会发展”，济铁儿女将铁路运输的责任与使命记在心里、扛在肩上，他们矢志不渝、笃行不怠，夜以继日地奋战在铁道线旁，将“厚德”二字深深镌刻在齐鲁大地上。

时间回溯到2021年8月的一天，骄阳似火，在山东济南董家镇铁路物流园，一排排堆码整齐的集装箱正等待装车。它们将搭乘“齐鲁号”中欧班列，抵达俄罗斯、哈萨克斯坦、德国等国家。场地中的工作人员穿梭于庞大的集装箱之间，依次检查着每一箱货物，确保班列在漫长的运行途中安全抵达。

董家镇站位于济南市北部高端物流区的核心位置，以铁路北环线为纽带，周边物流企业和生产企业云集。董家镇铁路物流园建成后，以集装箱为主的现代物流方式，让这里告别了“风吹一身灰、下雨一身泥”的传统铁路货场形象。李学宽是董家镇站货运主任，负责装载安全保障工作，成为集装箱安全的“把关人”。

“这些钢筋固定不符合规范，这一箱需要重新加固，否则不能装车。”货运检查工作小组正在检查一个装满钢筋的集装箱，发现装箱不规范的现象，李学宽立马指了出来。

“你过来看看，叫上集装箱货主。”说完，他钻进箱内。当时室外温度约36℃，箱内一阵热浪袭来，仅仅几秒钟李学宽就闷热得出了一身汗。他从内到外，将每一处需要调整的地方说给客户：“这里需要加固”，“这里不能有缝隙”。

在董家镇铁路物流园，发送的货物大到“高精尖”的激光雕刻设备，小到衣帽、手套等生活用品，一应俱全，他们见证着“中国制造”走向海外。

特别是疫情发生后，中国经济复苏呈现强势劲头，其他国家对中国重工业和轻工业产品的依赖性更强。山东的轻工业类产品本身在国内就很有竞争力，现在向欧亚国家的出口量也很大。

将中国产品送出国门，是李学宽和同事们要做的，他们不仅要查验货物中有没有危险品，还要确保装载安全。“我们曾经查验到一箱药品，报告单上填写的是西药，开箱检查后发现，里面竟然掺杂着农药。”如果不精心检查，这批货物被运送到国外，会带来非常不好的影响。

顶着烈日，冒着高温，李学宽和同事们每天不知道要在董家镇铁路物流园里走多少遍，钻多少个集装箱。虽然工作量大，但是他们不放过一个集装箱，不降低一点工作标准。

铁路运行速度的提高，对货物装载提出了更高要求，保证箱内货品加固到位，无晃动、无重心偏移更为重要。李学宽介绍，集装箱内的货物分为“轻抛货”和“方案货”，既要确保安全，又要保证实效，让每班列车都能准时启程。

李学宽目前的压力主要在于货物安全，班列运输过程中，沿途有数不清的智能化检验设备在等待列车驶过，红外线探头、超偏载地衡……这些设备会对货车车厢重量、重心等数据进行精密测量。一旦出现装载不规范的问题，设备将第一时间报警，这势必影响运输安全。这就要求李学宽和同事们的工作必须做到精益求精。前几年做完甲状腺肿瘤切除手术后，医生叮嘱他一定要保证睡眠，但每天将最后一班列车送走后，李学宽回到家就很晚了。

像李学宽这样忘我工作，为“齐鲁号”中欧班列开行付出劳动和汗水的济铁职工还有很多，他们用自己的付出保证了“齐鲁号”中欧班列安全顺畅地走出国门。

在国铁济南局还流传着一个“187 条棉被的故事”，讲述了济南局首批、山东省第五轮省派驻村第一书记的事迹。

精准扶贫，铁路情怀：国铁济南局驻村第一书记入户帮扶（绘图 / 袁昊）

在泗水县泉林镇花园村，午后温暖的阳光轻柔地洒在86岁老人韩继英的小院里。看见刘建会进了院子，老人赶忙迎出来：“书记，你来啦！谢谢你总惦记着俺们的生活，大伙儿都在念你的好呐！”韩继英紧紧握住这位新任驻村第一书记的手，不断夸赞着。

韩继英的孩子常年在外打工，年过八旬的她独自在家。刘建会心中牵挂，便时常前来探望，随时提供帮助。

2021年10月，时任济南房建公寓段工会主席的刘建会与临沂车务段工会主席孙晓欧成为济南局首批、山东省第五轮省派驻村第一书记，分别担任泗水县泉林镇花园村和蒋家村的第一书记。

来到泉林镇花园村的第一天，漫步于村间小路，刘建会的心中难以平静：这里山青水秀、人杰地灵，步步都是风景，但却面临着基础设施薄弱、收入水平较低、产业结构不合理等问题，如何带领村民共同致富，过上好日子呢？

全新的工作环境、工作角色、工作任务，以及未知的工作困难……在花园村的第一晚，刘建会辗转反侧，难以入眠。

走上新岗位的第一天，刘建会迅速进入角色，第一时间开展走访调研工作，挨家挨户与村民沟通交流，拉近自己与群众的距离。

“跟铁路打了一辈子交道，对农业、农村工作不熟悉。时间紧，任务重。只有边干边学，迎头赶上，才能不辜负省里和集团公司党委对我们的重托。”刘建会说。

“脚上的泥土多了，离百姓的心就近了”，这是刘建会、孙晓欧始终牢记在心的工作信念。在帮扶村入户走访的过程中，他们发现一些困难家庭过冬问题突出。在省能源局第一书记工作组的统筹协调下，刘建会、孙晓欧与其他第一书记一道召开专题会议，共同研究帮扶村困难群众过冬问题。

在研究帮扶措施和送温暖方案时，大家集思广益、群策群力、精心组织、密切配合，通过“再入户、再走访、再排查”的方式，对各村“五保户”、低保户和困难党员、困难群众的数量进行反复确认，确保“不漏一户、不落一人”。

“‘切实把群众冷暖放在心上’不是一句空话，身为第一书记，我们就是要把群众满意不满意、高兴不高兴、答应不答应作为开展工作的标尺，只有想群众之所想、急群众之所急，真心实意为群众解决难题，才能不断提高村民的幸福指数，赢得大家的信任和支持。”蒋家村第一书记孙晓欧说。

经过大家的积极协作，为泉林镇 5 个帮扶村的困难群众定做的 187 床棉被和被罩在年前全部备齐，他们逐村逐户把党组织的关怀和温暖送到困难群众家中，也送到了广大群众的心坎上。除此之外，刘建会、孙晓欧还积极争取集团公司帮扶资金 2.3 万元，为花园村、蒋家村 118 名困难群众、老党员、困难党员采购了米、面、油和大衣。

“第一书记来俺村才一个月，就给老百姓办了实实在在的事，真是办到了群众的心坎上，俺村没有不竖大拇指的。以后俺一定配合好第一书记，想方设法为老百姓解决实际困难，做好帮扶救助工作。”花园村党支部书记马守伟不无感慨地说。

从繁华的都市到风吹雨淋的田间地头，刘建会、孙晓欧遇到的难题还有很多。可谈起在泗水县的帮扶工作，他们的脸上总是挂着笑容，很少提及“难”字，嘴里说得最多的就是如何调结构、强基础，让乡村找到振兴的路子，让农民过上富裕的日子。两个多月的时间，从听不懂当地方言、不识农务的铁路人，逐渐变成乡村百姓的知心人，他们不仅与当地百姓结下了深厚感情，也时时处处显现出助力乡村振兴的济铁担当。

“铁”动力赋能乡村振兴远不止于此。国铁济南局不仅派出了“驻村第一书记”，还协助地方政府开展对口帮扶，向菏泽、临沂等地投入扶贫资金308万元。参与消费扶贫，采购贫困地区农产品978万元。借助高铁开通的契机，在临沂沿线区县的高铁站和列车上开展旅游推介、非遗文化展示、农产品展销等活动，邀请非遗传承人、对口帮扶村第一书记乘高铁为特色农产品带货宣传，促进老区群众增收致富。

交通扶贫，国铁济南局担当作为。围绕临沂市沂南、费县、平邑、莒南等脱贫任务较重的县区，他们完善客运设施，推出专项服务，方便务工群众出行；针对季节性涉农物资和贫困地区产品运输的实际情况，开行特色班列，为贫困地区经济发展提供有力保障；积极开行旅游扶贫专列，用旅游消费拉动贫困地区的发展。

在美丽的乡村和广袤的田野上，遍布着济铁人忙碌的身影。在山东省新旧动能转换工作中，济铁人同样留下了深深的足迹。“金乡大蒜号”冷链班列就彰显了济铁人在新旧动能转换工作中的风采和担当。

说起“金乡大蒜号”冷链班列，需要回到2019年。这年是国家批复设立山东为新旧动能转换综合试验区后的第二年，为进一步推动新旧动能转换工作落地，济南局把目光瞄向了世界蒜都——山东省济宁市金乡县。金乡大蒜世界闻名，这里商户云集，加工链成熟，供应链稳定，产品远销海外多个国家。但因为金乡县不通铁路，且往年铁路全程物流服务措施不够成熟和完善，故金乡大蒜外销基本是利用汽运加航运。

若能推动金乡大蒜运输方式转为铁路运输，不仅能推动山东新旧动能转换，而且能推动公路、铁路、港口等运输方式抱团发展，实现互利共赢。

于是，济南局旗下的青岛经营集团与于都物流进行了长达三个月的洽谈，终于在 2019 年 4 月促成合作。2019 年 4 月 9 日，济宁西站成功首发至青岛港的“金乡大蒜号”国际集装箱冷链班列，共用 35 节车厢装载标准集装箱，运输大蒜 1000 余吨。班列计划每周开行两列，在大力推动山东省新旧动能转换的同时，也赋予了济宁市内港口的功能，实现了济宁内陆港与青岛港多式联运项目的抱团发展。

说完“金乡大蒜号” 冷链班列，再说一个四等小站的副站长给自己挂吊瓶的故事。

2022 年 1 月 1 日，新年的第一天，寒风凛冽。在泰安市南郊，京沪线四等小站北集坡站笼罩在国能泰安热电有限公司冷却塔升腾的蒸汽光影中。运输副站长周鹏盯完一列排空车的调车作业，回到站上洗了洗手，取出针头和药液，熟练地给自己挂上吊瓶。周鹏曾是部队卫生员，打针、开药非常熟练。

2021年年底寒流频繁，泰安热电开足马力保障城市居民生活用电，日耗电煤达6000余吨。作为供煤主要渠道，北集坡站必须保证将每天3列到达电煤送入厂区供应生产、保证库存，再把卸空车编组排出。周鹏针对繁忙的夜间调车作业，加大了跟班盯控力度，感冒发烧坚持不下火线，直到咳嗽加重后就医，才发现自己得了急性肺炎。站长劝其休息，车务段也选调年轻管理人员充实车站替班力量，但都没能阻止周鹏坚守岗位，他说：“就这几天电煤到卸压力大，换谁我也不放心！”

周鹏多年负责车站运输工作，对电厂专用线十分熟悉，哪段线路可以加速顶送、哪个弯道注意减速瞭望，每次作业的节奏和效率他都能控制得恰到好处，夜间作业也掌握得分毫不差。他针对冬季电煤翻卸易出现冻结的现象，多次爬上敞车观察比对煤种，向电厂提出了采购煤炭的煤质要求和对装车站防冻措施的建议。随着来煤质量的提升、防冻液喷洒更均匀，因冻煤影响卸车、排空的现象逐步减少。周鹏的努力，有力地促进了电煤接卸效率。

在北集坡站，周鹏给自己挂吊瓶。而在沂源站，几名维护晋煤东输大通道安全畅通的信号工也在演绎着自己的特殊故事。

沂源站位于沂蒙山腹地，群山环绕，是我国晋煤东输重要铁路通道瓦日铁路上的一个小站。

瓦日铁路西起山西省兴县瓦塘镇，从河南省台前县跨越黄河，进入山东省梁山县，东至日照港，全长 1260 公里，是我国“西煤东输”的重要通道。瓦日铁路是中国自行设计的第一条万吨级重载铁路，也是世界上首条 30 吨（轴重）重载铁路，全线共设 50 个车站，通过这条铁路外运晋、陕煤炭，比绕道渤海湾缩短 1500 公里。

沂源站是瓦日铁路 50 个车站中的一个，老信号工张奎方带着 5 个“90 后”徒弟常年驻守在这里。冬季煤电运输格外繁忙，每天有 30 趟货运列车在瓦日铁路山东段上运行，老张和徒弟们每天的作业“天窗”（“天窗”即铁路上集中的一段没有火车通行的整修时间，各维修人员大多利用这段时间进行维修作业）只有 120 分钟。

作业地点，不仅在露天的地方，也在一座座隧道里面。天寒地冻，隧道里黑暗、低温、缺氧，老张和徒弟们只能借助微弱的头灯检查每个灯位。铁道信号灯被誉为火车的“眼睛”，信号灯一旦出问题，就会影响列车的正常通行。张奎方所在的信号工区管辖内有 8 个隧道、9 座桥梁，其中最长的隧道有 7.85 公里，最高的桥梁有 50 米高。冬季作业，他们每人要负重 20 公斤的工具备品，徒步走在石子路和凹凸不平的线路上，翻山的时候经常要手脚并用爬上去。因常年走山路，工区职工穿的鞋很有特点：鞋帮是新的，鞋底则钉满了鞋掌，每两个月就要磨坏一双鞋跟……

全力确保电煤运输畅通是国铁济南局服务社会经济发展的重要举措。为稳定煤炭运输链，他们紧盯“迎峰度夏、迎峰度冬”两个节点，围绕电煤保供要求和“省内煤供省内电、省内电保省内煤”的原则，实施电煤运输绿色一条龙“保姆式”服务，全力确保民生用煤稳定。在这一服务链条上，像周鹏、张奎方和他徒弟这样的“铁路运煤人”还有很多。

“保春耕、护民生”，同样是“人民铁路为人民”的真实写照。

一年之计在于春，一年好景看春耕。庄稼长得好不好，化肥很重要。每年春天，国铁济南局的货运人员便跟随着农民的脚步一起忙活，将化肥、农药等春耕产品送到田间地头。

有句话叫“少管闲事”，但国铁济南局的货运人员在农耕物资运输上却是不厌其烦地“管闲事”，喜欢把能揽的事揽过来。

2022 年 4 月 24 日，青岛站的货运人员听到一个消息：某农资企业到达青岛港的 5 万吨化肥因受疫情影响，不能按预定的汽运方式运达东北。时值春耕的关键时期，企业和农户心急如焚。

按理说，这件事跟青岛站的货运人员没有一点关系。可是，货运人员听到后却坐不住了：春耕产品关系到一年的粮食收成，虽然他们没有找我们，但我们也要想办法联系他们，将这批化肥运到东北。

于是货运人员迅速地和托运企业取得联系，主动承揽了该批次化肥的运送工作。时间要求紧、货物规格不同、到站收货人不同……活儿揽过来后，才发现面临重重困难。货运人员毫不退缩、迎难而上，他们与调度、行车部门和大港公司联劳协作，优先计划、优先配空、优先装车、优先挂运，一路绿灯，一路畅行，5 万吨化肥搭上火车，从青岛出发，风驰电掣，很快被送到东北，又很快被送到农民的田间地头。

种子播下去了，化肥撒下去了，春天在忙碌中过去了。夏收、秋收来临，东北大地欢腾着一片丰收的喜悦，沉甸甸的麦穗、黄澄澄的玉米、圆滚滚的大豆……这份喜悦里有青岛站货运人员的一份功劳。

烟台与青岛都是位于海边的城市，化肥急运东北的事情，在烟台车务段也发生了。

“中农集团最后一批化肥装车完毕。”2022 年 4 月 26 日下午，烟台货运营业部货运值班员于海峰从一辆装满化肥的敞车扶梯上下来，抹去脸上的汗水，开心地说道。

受疫情影响，全国范围内的氯化钾化肥一度严重缺货。作为集生产、流通、服务为一体，专业经营化肥、农药等农业生产资料的大型企业，中农集团有限公司原计划将化肥从烟台港发往全国各地，支援春耕生产。然而，因为距离太远以及疫情防控要求，汽运无法满足庞大的化肥需求。面对货物集中到达、发运量大、传统运输路线耗费时间较长等一系列问题，中农集团一度陷入运输窘境。

得知这一信息后，烟台车务段烟台货运营业部立即行动起来，为中农集团量身定制运输方案，精准服务货主需求，千方百计帮他们解决运输难题，为春耕物资运输开辟绿色通道，积极助力春耕生产。

由于这批春耕物资中的绝大部分氯化钾化肥为吨袋包装，需要 60 吨敞车才能作业，但烟台港内这种车型严重不足。为解决这一难题，烟台车务段和烟台港紧密配合，在国铁济南局的鼎力支持下，调配充足的 60 吨敞车车底，安排人员倒排装车进度，合理优化短搬运输组织，提升运输组织效率，全力确保春耕物资及时运送到全国各地。据统计，该货运营业部中停时长较上一年同期节约 7.1 小时。

同时，为解决传统铁路运输线路对运输时效的制约，他们创新运载方式，以“铁路＋轮渡”的方式，很快便将第一批货物送到东北客户手中，比以往运输路径节省了近三分之一的时间。

“困难再大也要保证化肥及时运送到目的地。”该段货运中心主任李民的话掷地有声。为保证化肥中长距离运输安全，他始终在现场盯控，确保每列春耕物资装载安全。

“感谢国铁济南局和烟台车务段的倾力相助，这些春耕物资发运得太及时了！”中农集团总经理王蓓感激地说。之后，该段收到来自中农集团有限公司的感谢信。在此次春耕物资运输中，他们共为该公司发运支农化肥1015车，共计6.2万吨，较往年增长252%，化肥运输总量增加2.5倍以上。

春天播种希望。国铁济南局集团千方百计保障春耕物资的运输，体现了国铁企业的民生担当。这份担当通过纵横密织的运输大动脉向农民兄弟传递着深情厚谊。那在济铁人深情的目光中，一趟趟用心、用情开往“春天”的列车，为“流通的中国”增添了温暖的底色。

《爸爸的纸飞机》是国铁济南局拍摄的首部数字高清电影，它根据国铁济南局抗击新冠肺炎疫情、保障产业链供应链稳定的真实事件改编，以调度所人员指挥铁路大动脉高效运转为核心故事，生动诠释了“人民铁路为人民”的宗旨和共克时艰、众志成城的抗疫精神。

让我们通过刊发在《济南铁道报》的一篇报道《这个春天因你而美丽》来感受国铁济南局调度所人员在抗疫期间保障铁路运输安全畅行的动人故事和感人事迹。

四月的齐鲁大地，杨柳依依，风荷待举。

纵横千里的“大动脉”上，一趟趟货运列车穿梭飞驰，一派繁忙的运输景象。国铁济南局克服疫情影响，创新思维、优化组织、攻关破题，在市场波动的大背景下，实现货运逆势上扬。

面对严峻的疫情防控形势，统筹做好疫情防控和运输生产，首先就是确保“中枢大脑”的安全有效运转。为此，国铁济南局于3月初在调度所逐步实行人员集中管理。一个多月的时间里，这支素以纪律严明、作风顽强、能打硬仗著称的“铁军”，克服常人难以面对的重重困难，胸怀全局，众志成城，团结奋战，装卸车等运输指标屡创历史新高，为集团公司货运增量、增运、增收做出积极贡献。

春节过后，疫情在多地反复出现，国铁济南局为保障运输畅通未雨绸缪，调度所认真落实疫情防控工作要求，迅速向全所调度员、驻所联络员传达相关指示精神，提前做好集中管理准备工作。

2023年3月13日，调度所开始集中管理，全体调度人员分三个管理点进行集中管理。

“集结”对职工工作、生活及家庭的影响很大，对于供电调度员叶金岭来说更是如此。3月14日上午，叶金岭的二胎宝宝出生，随后因查出溶血性黄疸转新生儿重症监护科治疗。妻子和宝宝出院第三天，小叶把家里的事情稍做安排，就准备告别爱妻和幼子返回济南。临行时，妻子笑着说：“你放心去上班吧，家里面会照顾好我的。”快五岁的大宝拍着胸脯说：“爸爸，我是小男子汉，我会照顾好爷爷、奶奶、妈妈和弟弟的。”

“当时啥也没来得及说就忙着去赶火车了。”提起这事，小叶说道，“家人的理解就是最好的支持，等解封后，我一定好好补偿他们。”

济南站广场北侧，一条红色隔离绳在铁道大酒店门口划出约一百平方米的隔离区。这里是三处集中管理点之一。据酒店服务员介绍，时常有职工家人来送换洗衣物，严格的管控制度不允许他们接近。工作人员和家人只能隔着玻璃交流。

工会副主席傅保胜手机里，存有调度员黄乐、崔兴原和驻所联络员杜宋平等职工与家人隔窗相望、温馨交流的感人画面。

刘翠芩是济南西工务段驻所联络员，也是驻所联络员中为数不多的女性之一。4月8日中午，她在铁道大酒店隔着厚厚的玻璃，见到了她一个月来日思夜想的女儿小岑岑。限于防控情况，会面不到10分钟，望着小岑岑跟着爸爸回去的背影，翠芩转身就哭红了眼睛。

傅保胜还给记者播放了任正松12岁的大女儿发给父亲的一段音频《我把爸爸借你啦》："……好吧好吧，我把爸爸借你了，你去'保护'大家，就把小家交给我吧……纵使吾辈虽小，亦能温暖世界，中国加油！"

安排房间时，调度员小崔主动要求住在北面的房间。原来，他家在官扎营小区南区，朝南方向，与铁道大酒店一南一北，仅相隔几百米，这样一来，他就可以在窗前与家人遥遥相望了。

临近集中管控时，他特意给三岁多的儿子买了一架望远镜，并告诉乖儿子："想我时就拿望远镜找我，我会冲你挥手、冲你笑。"于是，休班时，父子俩有了他们专享的时光。

采访调度员黄乐的妻子杨青时，两人的"距离"被她形容为"咫尺天涯"。其实，杨青的12306值班员岗位距黄乐仅一墙之隔。因为工作关系，他们俩每天要接打电话数百个，却难得有时间互诉衷肠。

"家里的事不指望他。"杨青是个快人快语的鲁西南妹子，经历了调度所两次疫情防控集中管理，她更加深了对丈夫工作的理解和支持。她说："最让我欣慰的是，家里两个孩子变得懂事了。这次集中管理时，五岁多的小宝说，爸爸你放心去吧，我会听妈妈的话。"

尽管杨青言语轻松，但是她的眼圈却偷偷地红了。

集中管控以来，调度员们严格遵守集中管理制度，充分利用休班时间，积极主动研学规章、探讨案例、模拟故障应急处置，党员示范给群众看，年长的做给年轻的看，大家统一思想，凝心聚力，不断夯实业务基础。

供电调度员张明拿出他的看家本领，利用班后空余时间制作了“供电调度大讲堂”课件，里面包含技术规章、故障案例、理论学习等内容。他利用腾讯课件平台在网上给大家详细讲解，丰富了大家的专业知识储备。

调度所调度员司志勇、贾林、申宝强、郑春翔在疫情防控期间全身心地投入到工作中。自 3 月 13 日到 4 月 13 日，为缓解人员紧张状况，他们主动放弃周末休息时间，身兼数职，勇挑重担，在调度所加班加点，积极组织做好二季度列车运行图、集中修车流调整、大型施工作业等重点工作，保证了全局货运增量增收、经营任务顺利完成。

一个多月里，调度所干部职工团结奋战，精心调度指挥，积极抓好日常装卸车组织，千方百计提高货物运输效率、效益，实现增运增收，确保运输安全有序。

在此期间，他们坚持特事特办、防疫优先，积极做好援沪医务人员和抗疫物资运输工作，圆满完成各项紧急抗疫运输任务。其间，共装运驰援上海的抗疫物资 10 批次 792 吨。4 月 3 日顺利开行 G4021 次、G4023 次两列援沪战“疫”医疗队专列，共运送 1116 名山东医疗队员驰援上海；4 月 15 日再次运送第二批 40 名援沪医疗队员奔赴上海，为疫情防控贡献了济铁力量。

调度所党委副书记袁晓峰说：“我们的调度员外表沉默，内心火热，对家庭充满了爱，对工作更是满腔热情，一声令下他们抛家舍业冲在前。我们所为有这样的同事骄傲，同时，特别感谢他们家人的支持，也感谢各接待单位的悉心服务。”

最是一年春好处，人间最美四月天。这个春天因你而美丽。

这篇报道感人至深，它将能打能拼、有责任、有作为、有担当，同时又充满了“铁路柔情”的铁路人形象呈现在我们面前。

疫情面前，九万济铁人勇于担当，他们主动承担起抗疫、防疫的重任，在这场没有硝烟的战斗中，大步“逆行”，展露着英勇的身姿。

面对严峻的疫情形势，济南西机务段运用车间成立党员突击队和运用干部预备队，364 名党员机车乘务员写下请战书，92 名党员加班加点抢修机车，确保要车有车、要人有人。

京沪、胶济线第一阶段“集中修”期间，济南电务段党员干部冲在前、干最难，突击奉献 256 次，确保了“集中修”顺利进行。

青岛站组织党员开展突击奉献和志愿服务活动，对售票厅、候车室及时消毒，做好防疫知识宣传，为旅客货主办好事 122 件……

数不过来的身影，道不完的事迹，倾诉不完的感动……哪里有危险哪里就有济铁人，哪里有需要哪里就有济铁人，哪里有奉献哪里就有济铁人。

济铁人的“厚德”既来自齐鲁文化的滋养，又来自济铁红色基因的传承，更来自国铁企业的精神塑造。新时代济铁人的标签上，书写着铿锵有力的几句话：“特别听党话、特别讲诚信、特别爱工作、特别重实干、特别敢创新、永远争一流。”“明大德、守公德、严私德”，“厚德”的内涵在他们身上体现得淋漓尽致。在齐鲁大动脉上，他们尽情挥洒着不负使命、踔厉奋发、笃行不怠的精神和干劲，书写了最美奋斗者的新华章。

第二章 踏遍青山人未老

“莫道君行早”出自《增广贤文》，全句是“莫道君行早，更有早行人”。意思是不要说你走得早，还有比你走得更早的人。

毛泽东主席在他的《清平乐·会昌》词中写道：“东方欲晓，莫道君行早。踏遍青山人未老，风景这边独好。”

从词面上看，这是伟人又一首激情澎湃、乐观向上的浪漫主义壮歌。然而，此时的党内极左路线控制了中央领导权，他正处在中央苏区“第五次反围剿”最灰暗的日子。一次，天还没有放亮，他登上了会昌山峰顶，望着逶迤的山峦，遂诗兴大发，挥就此篇。他说虽然自己已经十分勤奋，天亮之前就登山，但其实还有更早的人。我们意志坚强的红军战士们每时每刻都在坚守阵地，严阵待敌。这是他的自我勉励、自我鼓舞，是在黑暗的时光里，靠着一心一意为革命的顽强意志激励自己。

“踏遍”象征着他在重大挫折面前，对革命前途一片光明的坚定信念。“青山”是他心中念念不忘的革命宏图。“人未老”则象征着强大的生命力，以及身处逆境而不屈不挠的坚强意志。这首词是鼓舞战士跨越千难万险的有力战歌。

其实，作为新时代的济铁人，如果你听过他们的故事，就会发现他们的骨子里有一种不达目的誓不罢休的“执拗”。这种“执拗”不是“不撞南墙不回头”的负能量，而是“踏遍青山人未老”的坚定，是历经艰辛而不退缩的韧劲，是为“风景这边独好”而不懈奋斗的执着追求。

一、执着奉献的意义是什么

社会上对济铁人的评价，一直是他们对铁路事业的忠诚度很高，对自己所从事的工作很自豪，执着奉献是他们的性格。他们把干好工作作为“本分”坚持，始终抱有“热情”，充分体现了爱岗敬业的职业操守。

说起爱岗敬业，孔子可谓是典范。孔子在 20 岁左右时，开始担任公职。一个官职是管牛羊的乘田，孔子说，让我管牛羊，我就要把牛羊养得肥肥大大的；另一个官职是类似管仓库的委吏，孔子说，让我管仓库，我就要保证账上不出错。这两份工作，他都做得很好，账目一点差错也没有，牛羊肥大。

还有一位名人，就是周文王的儿子、周武王的弟弟姬旦。因为他的采邑在周，爵位为上公，所以人们称他为周公。在周文王时，他就很孝顺、仁爱，辅佐武王伐纣，封于鲁。周公没有到封国去而是留在王朝，辅佐武王，为周朝建立制度，安定社会。武王去世，他又继续辅佐成王摄政。新建立的周王朝面临着严峻的政治危机，商朝旧贵族伺机复辟，周公辅政有违王位世袭制中父死子继的原则，引起周室集团内部的矛盾。结果残余势力即与周室内部的反叛势力勾结起来，他们的代表是纣王子武庚与管叔、蔡叔等人。周公东征平定“三叔”之乱，灭五十国，奠定东南，归而制礼作乐。周公唯恐失去天下的贤人，洗一次头要多次挽起头发，吃一顿饭数次吐出口中食物，迫不及待地去接待贤士。这就是成语“握发吐哺”的典故。周公无微不至地关怀年幼的成王，有一次，成王病得厉害，周公很焦急，就剪了自己的指甲投到大河里，对河神祈祷说：“今成王还不懂事，有什么错都是我的。如果要死，就让我死吧。”之后，成王果然病好了。周公摄政七年后，成王长大成人，于是周公归政于成王，自己回到大臣的位子。后来，有人在成王面前进谗言，周公害怕了，就逃到楚地躲避。不久，成王翻阅库府中收藏的文书，发现自己生病时周公的祷辞，他被周公忠心为国的品质感动得流下眼泪，立即派人将周公迎回来。周公回来以后，仍忠心为王朝操劳。周公辅佐武王、成王，为周王朝的建立和巩固做出了重大贡献。特别是他在受冤屈以后，仍忠心耿耿，为周王朝的发展呕心沥血，直至逝世，终天下大治。周公临终时要求把他葬在成周，以明不离开成王之志。成王心怀谦让，把他葬在毕邑，文王墓的旁边，以示对周公的尊重。周公是后世为政者的典范。尤其是儒家学派，把他的人格作为最高典范，把周初的仁政作为最高政治理想，孔子终生倡导的便是周公的礼乐制度。

看完周公的故事，想来让后世印象最深刻的应该是“握发吐哺”的典故。周公为了招揽天下贤能之士，接见求见之人，一次沐浴要多次握着头发，一餐饭要多次吐出口中食物来，后遂用“周公吐哺、一沐三握、一饭三吐”等表示求贤若渴，礼贤下士，为招纳人才而操心忙碌。

曹操在《短歌行》中写下“周公吐哺，天下归心”的句子，咏叹自己与周公一样有着求贤若渴的心。《短歌行》被选入初中语文教材，想必很多人就是通过这首诗歌认识了周公。

然而，不管是曹操的诗歌，还是“握发吐哺”的典故，所赞扬的都是周公招贤纳士、渴望人才的急切之心。而如今换一个角度看，周公为何会有如此急切的心情？稍加分析我们就会明白，这应该是周公对国家、对君主的一种责任与担当。如果没有这样一种信念、一种精神支撑，人就不会有废寝忘食、无私忘我的行为。

执着奉献的敬业精神在“一山一水一圣人”的齐鲁大地上，在纵横交错铁道线上，在飞驰而过的“复兴号”上，也在服务旅客的月台上，九万济铁人舍小家顾大家、无私奉献、执着追求的故事随处可见。

2003 年 12 月 16 日，胶新（胶州至新沂）铁路全线建成通车，为山东省内再添一条纵贯南北的铁路大通道，更是中国沿海地区一条新的南北运输干线。为养护好这条国家Ⅰ级单线线路，在高密市区南部30多公里的地方，当时的济南铁路局设立了高密南线路工区，隶属青岛工务段诸城线路车间。

高密南工区在胶新线的左侧，工区四周是一眼望不到头的庄稼地。出入工区只有一条乡村土路，用“地理位置偏僻，交通闭塞”来形容，再恰当不过。工区成立伊始，这里被周边的居民戏称为“鸟不拉屎的地方”。

2003年11月，任朋俊被任命为高密南工区工长，他在线路正式开通前夕带领12名职工来到了这里。他们从车上搬下行李站在工区门口，很长时间没有适应过来——新的楼房、新的地面、新的油漆在彩钢瓦上闪着光芒。但同

任朋俊：“兵头将尾”的执着奉献（绘图／解世媛）

时，院子里堆放着建筑垃圾，满院子的荒草丛里是杂乱的砖头、石头，院墙下面堆着已经干硬了的水泥块；一间间屋子里铺着稻草，上面堆着丢弃的砖头、方便袋和一些破损的碗筷；院子四周除了线路就是庄稼地，远远地看去，庄稼地的尽头有个村落。

第二天，任朋俊顶着寒风，冒着一头热气，骑了三十几公里，从家里骑来一辆三轮车，同时带来了土豆、猪头肉、干辣椒、花生油等生活物品，开火做了在高密南工区的第一顿饭——猪头肉炖土豆。从这一天开始，他们用这辆三轮车将建筑垃圾一车一车地运出去，然后再将新土一车一车地运进来，把菜种子播下，把果树栽上……高密南工区的职工越来越多，院子里开辟出的菜地越来越大，如今这片菜地里已种上了 30 多种蔬菜瓜果。蔬菜多了，浇水成了问题，他就带领职工在院子里打井。任朋俊打井的故事，曾一度在局内传为美谈。后来，他又带领职工养起了鸡、鸭、鹅、猪、羊，彻底解决了工区的伙食问题。如今的高密南工区就像是一个小型农家乐，安静恬适的院落成了一个别样的世外桃源。

当然，美化工区、建家园，这些都是高密南工区职工的业余生活，他们的主业是线路养护。高密南工区负责 3 个车站、32 公里线路、108 个桥涵以及 1040 对轨道接头维修养护工作，面对这样的重荷，任朋俊带领职工把这段全段条件最差的线路整治成质量最优的线路，并保持了零事故、零“两违”的良好记录。从 2013 年开始至今，青岛工务段在高密南工区开展青年岗位培训班，一年能培训 4 批，一批 10 多个人。高密南工区又成了年轻职工成才的乐园。

20 年过去了，任朋俊满头的乌发已经斑白，曾经让自己骄傲的像钢板一样强壮的身板也明显不像从前那样“搁造”了。看着墙上挂着的“先进班组”“样板工区”“全国工人先锋号”的荣誉奖牌和自己的“全国五一劳动奖章”，他不禁叹了一口气，只感觉愧对老婆孩子。20 年里他没有回家过一个春节，休班时也总是匆匆回，匆匆走，家里的担子都落在妻子一人身上。他跟妻子常说的一句话就是“我真的顾不过来”。这些年来，妻子也理解他了，常常得了空就到工区看望他。

他的妻子来了就住在工区的探亲房里。探亲房是任朋俊的又一独创。

高密南工区的职工，家最近的是在30公里外的高密城。他们平时都是住在工区，时间久了家里不放心，想来工区看看，当天回不去的就得在工区住下。为此，任朋俊领着职工在宿舍区收拾出一间屋，安了双人床，修了一间洗手间，放上一个梳妆台，还把弟弟给他买的笔记本电脑放了进去。这下工区真的成了职工的家。

任朋俊从十七岁进入铁路系统工作，到如今年过半百，他一生中最美好的岁月都留在了高密南工区那个偏僻的小院中。这个朴实憨厚的胶东汉子，用自己的肩膀担起了胶新铁路30多公里线路的安全重责。

任朋俊的故事当然不是个例，沿着胶新线向南走，是与其交错的、东西向行驶的“晋煤东输”的重要铁路通道——瓦日铁路。群山环绕中，位于沂蒙山腹地的沂源站是日瓦线上的一个小站。在这里，你会遇到每两个月就要磨穿一双鞋底的张奎方。张奎方是济南电务段沂源信号工区的工长，他带着5个“90后”徒弟常年驻守这里，主要任务就是保证铁路信号灯正常运转。铁路信号灯被誉为火车的“眼睛”，火车是停是走都要靠信号灯来指示，信号灯一旦出问题，火车就无法正常通行。

铁路信号灯与城市的红绿灯一样，安装在铁路的沿线上。张奎方所在的信号工区担负着32组道岔、13个隧道、20座桥梁，总计32公里铁路线路上的信号设备，包括772个轨道箱盒、76架信号机及两个中继站的养护工作。线路上最长的隧道有7.85公里，最高的桥梁有50米高。他们每人每天要背着20公斤的工具包，在凹凸不平的线路上徒步走30多公里，翻山的时候经常要手脚并用。常年的山路行走，很是费鞋子，每两个月鞋底就会磨穿一次。所以他们的鞋子很有特点，鞋帮是新的，鞋底却钉满了厚厚的鞋掌。

张奎方的老家在莒县农村，因妻子没有工作，所以在孩子上学之前，他们的家就随着他工作的调动，辗转在不同的小站，他常说："我把家背在身上，省了很多后顾之忧。"到了孩子该上学的年龄，他才不得不把家安在当时的工作地邹城。虽说自己的一双儿女从小就辗转在不同的山区小站，没有见过世面，但学习成绩十分出色，如今姐弟二人均就职于北京航天动力研究所，成为信号工区的一段佳话。

张奎方已经 57 岁，还有不到 3 年就该退休了，30 多年来，他一直行走在深山里的铁路线上，辛勤劳作，无怨无悔，默默奉献着自己的光和热。

铁路线穿过崇山峻岭，越过江河湖泊，最终停靠的大多是城市。在城市的霓虹灯下，依然有像任朋俊、张奎方一样的担当者。

2021 年春运期间，在美丽的海滨城市青岛，在铁路青岛北站的春运队伍里，有一名被称为"哪吒女孩"的工作人员。之所以被旅客称为"哪吒女孩"，是因为王程程工作起来如同哪吒有"三头六臂"一般，需要不断处理旅客进出站、安检等方方面面的问题。说她脚踩"风火轮"，是因为在工作中，她总是骑着一台平衡车。作为值班站长，王程程一班要工作 24 个小时。

春运期间，王程程骑着平衡车穿梭在候车大厅里的身影格外引人瞩目。因为移动速度大大加快了，现在她可以第一时间出现在求助旅客面前。

从安全角度出发，她的平衡车只能在二楼大厅使用，也就是说，如果一楼的人流密集处、站台等地方出现了问题，王程程还是要步行前往。春运启动后，旅客人数逐渐攀升，需要她协调处理的问题越来越多。

在春运大军中，王程程是一位忙碌的铁路人；卸下工作后，她是一位三岁孩子的妈妈。不过因为工作原因，从 2015 年开始，她就没有在年三十这天和家人团聚过。这一年依然如此。王程程说，铁路人的所有忙碌都是为了给旅客提供优质、贴心的服务，只要旅客回家的路走得顺畅，他们的付出就很有意义。

还有一对“90后”小夫妻的故事，也同样显示出年轻一代济铁人的责任与担当。

28岁的吴世琼，是济南通信段日照西通信工区的工长，负责管内80余公里通信线路、26个通信机房、382套通信设备的维护检修。吴世琼的爱人——27岁的吕良玉，是日照传输工区的工长，负责全车间传输设备的检查巡视及业务处理。

青盐铁路见证了两人的爱情故事。早在铁路联调联试期间，两位彼此有爱意的年轻人就把婚礼提上了日程。但那时正是联调联试的关键时期，两人不约而同地决定推迟婚期。2018年9月，推迟了3次结婚计划的吴世琼和吕良玉终于携手步入婚姻殿堂。

婚后，两人继续投入青盐铁路建设施工中。吴世琼每周有三四天在0点到4点30分的“天窗点”作业，每次凌晨干完活回到家，他整个人都疲惫不堪。吕良玉为了把丈夫照顾得更周到一些，便有了两人专属的“爱心小纸条”。

2019年初，青盐铁路迎来首次春运，夫妻俩也首次以工长身份担负春运值守任务。铁路通信作为为铁路各系统提供数据信息传输的重要通道，其设备线路的安全稳定关系着旅客的出行体验。为更好地完成值守任务，春运期间，吴世琼将管内所有通信机房、设备及线路位置、重要信息记录在手机备忘录上，同时传给工区的所有职工，时刻做好应急准备。

春运值守工作节奏快、压力大，但这对“90后”夫妻工长在工作上的珠联璧合让同事叹为观止——吴世琼核对设备台账，确认通道位置，吕良玉同步确认该通道状态是否良好；吴世琼制作用于实验的线缆，连接两端设备端口，吕良玉紧跟着做数据。

除夕前一天，就在吴世琼拿着笔记本，对刚接上的传输通道进行复测时，猛然发现设备并未按照预想接通。这可把他俩急坏了，通道早接通一秒，管内线路及旅客安全的保障便多一分。吴世琼迅速检查各元器件的制作及端口是否损坏，吕良玉也在复查自己做的数据有无问题。不到5分钟，原因就找到了。原来是吴世琼在制作线缆时焊接不到位，导致出现虚焊的情况。经过一番紧张的工序后，通道顺利开通。

“只有我们负责的通信设备、线路运行状态良好，旅客才能平安顺利地到达目的地，我们的觉才能睡得安稳。”这句话是这对“90后”夫妻工长共同的心声。

这样的事迹，常让人想起大禹治水时“三过家门而不入”的故事，也会让人想到诸葛亮的“鞠躬尽瘁，死而后已”。这些普普通通的铁路职工，似乎无法与治国理政的诸葛亮、“握发吐哺”的周公和雄才大略的大禹相提并论，可在不同历史时期、不同的位置上，他们体现出的责任与担当却是相同的。《庄子》记载了佝偻老人承蜩的故事，故事中佝偻老人说道：“虽天地之大，万物之多，而唯蜩翼之知。”梁启超先生曾说：“凡做一件事，便把这件事看作我的生命，无论别的什么好处，到底不肯牺牲我现做的事来和他交换。……敬业主义，于人生最为重要，又于人生最为有利。”所以，济铁人同样用自己的信念，支撑起了属于自己的那片天空。在敬业奉献的天平上，他们的分量是相等的。

二、敬业：不求闻达于诸侯

诸葛亮在他著名的《出师表》中表达了建功立业之宏志，也鲜明地流露出“不求闻达于诸侯”的意愿，抒发了自己唯立业、敬业是瞻，不愿宣扬个人功名的人生观与价值观。

《尚书·周书·周官》有这样一句话：“功崇惟志，业广惟勤。惟克果断，乃罔后艰。”取得伟大的功绩，在于志向远大；完成伟大的事业，在于工作勤奋。这句话诠释了天道酬勤的道理。只有勤奋与进取，才是成功的秘诀、敬业的根本。

对于成就一番事业来说，兢兢业业无疑是一个人成功的第一大要素。对此，爱迪生是这样理解的：“能够将你身体和心智的能量，锲而不舍地运用在同一个问题上而不感到厌倦的能力就是专注。对于大多数人来说，每天都要做许多事，而我只做一件事。如果一个人将他的时间还有精力放在一个方向、一个目标上，他就会成功。”

“功崇惟志，业广惟勤”，今天常被引用来劝慰世人：在工作中要想取得成绩，就要有远大的目标，有不断进取、勇于创新之心；完成自己的目标，也只有通过自身的勤奋和努力。

然而，什么是成功？是被人们记住甚至名垂青史，还是坚守九尺垒台，甘做奠基石？

展开历史的长卷，五千多年的华夏文明璀璨而又源远流长。这悠久的历史传承到现在，不正是人民在推动吗，是人民的力量成就了五千多年的中华文化。沐浴着华夏之光的新时代济铁人，同样在延续、讲述着勤奋好学、爱岗敬业的故事。他们深知自己的肩上所承担的责任，深知自己的岗位对于铁路安全的重要性，所以他们会全身心、尽职尽责地投入工作，坚守在自己的岗位上。他们把平凡的事业做到极致，在敬业爱岗中获得成功。

在百度搜索引擎中，不管是输入“平顺大师”还是“吕关仁”，你都会搜索到国铁济南局工务部正高级工程师吕关仁的事迹。

走进吕关仁的办公室，最吸引人目光的是他办公桌上码放得整整齐齐的几摞书，这些是铁路工务技术方面和英语方面的专业书籍。这些书新旧不一、厚薄不一，或卷着毛边，或厚如砖头。这是他工作 30 余年来学习和使用的各类专业书，放在他的手边，方便随时查阅。吕关仁每天 7 点前到办公室，先学习技术业务一个小时，这是他多年来养成的习惯。正是他的不断学习，积极进取，成就了他的梦想与追求。

高铁“平顺大师”吕关仁精心检测钢轨（绘图 / 解世媛）

1980 年，16 岁的吕关仁以优异成绩考入西南交通大学铁道工程专业。1984 年，他被分配到当时的济南铁路局工作。1991 年，27 岁的吕关仁被调到济南铁路局工务处，正式走上了技术研究的道路。20 世纪 90 年代是慢火车的年代。那个年代的铁路弯道多，加大了列车在拐弯时钢轨与车轮的摩擦，专业地说就是小曲线半径钢轨侧磨问题。这是个世界性难题。尤其是在 20 世纪 90 年代，我国经济发展进入快车道，铁路运输繁忙，小曲线半径钢轨侧磨问题十分严重，有的钢轨使用寿命仅有 10 个多月，这一问题浪费了大量的人力、物力和财力。吕关仁下决心要改变这种现状，他查阅德国、美国、日本等国家在这个领域的先进技术，从中汲取智慧和经验。1997 年，吕关仁的团队终于研发出车载式曲线钢轨干式润滑涂覆装置，能延长钢轨使用寿命 1 倍以上。这项钢轨养护技术迅速在全国铁路推广应用。

1995 年，吕关仁到国外学习，有机会接触到高铁技术。那次出国学习的经历对他触动很大，他当时就意识到，中国的高铁时代很快就会到来。所以，当时他就非常关注高铁的建设和发展，收集、学习了大量有关高铁的论文等资料。回国时，他的一个背包里全是书籍资料，有人建议他打包寄回，他坚持自己背回来。他说："那些学习和培训资料是我最珍贵的宝贝，只有时刻带在身边我才踏实。"

2013 年，吕关仁受原中国铁路总公司委派，率团前往德国学习考察。为了能学到更多东西，他白天参加学习讨论，晚上则"开夜车"撰写心得体会，回国后向总公司提交了近 3 万字的《高铁工务维修技术培训总结》，得到了总公司主管部门领导的高度评价。为了便于学习外文资料，吸收借鉴国外先进的工务管理技术，吕关仁每天随身携带一本《英汉铁路工务工程词汇》，并在上面写满了标注。时至今日，这本书依然摆放在他办公桌上醒目的位置，只要有空闲，他就认真翻阅学习。

吕关仁最大的业余爱好是散步，散步可以强壮体魄。在相对可以自主支配的时间里，他喜欢散步，还在散步时生发了对人生的感悟。对于自己的人生方向，他有这样一种认知：不求闻达于诸侯，但求技术更上一层楼。

在他看来，学而优则事业可成。他有两套一模一样的英语学习资料，一套用得破旧了，便又买了一套。学习英语是为了看更多国外的文献吗？他说，并非看什么书都有目的，这也是个爱好，多掌握一门语言，便多了一扇窗户，也有可能会多一个舞台。

“书痴者文必工，艺痴者技必良。”回望来时路，在近40年的时间里，在中国普速铁路到高速铁路的发展历程之中，吕关仁始终不停地学习、不停地耕耘，逐渐成长为一名铁路工务系统的专家，也收获了“国铁集团专业领军人物”“茅以升铁道工程师奖”“詹天佑铁道科学技术奖”“铁路专业技术带头人”“山东省有突出贡献的中青年专家”“山东省十大杰出工程师”“新时代铁路榜样人物”“最美铁道科技工作者”等荣誉称号，并享受国务院政府特殊津贴。

在世界舞台上，中国铁路从“追赶者”转变成了“领跑者”，“中国高铁”已成为“中国速度”的代名词。

除却这些“大国工匠”，还有很多在一线上默默无闻的“小人物”，也用自己的进取之心，共同擦亮了“中国高铁”这张靓丽的名片，为“中国速度”加油、助力。接下来，让我们看一看张春云和程传明用自己的智慧为“中国速度”保驾护航的故事。

铁路机车电气系统检修，被业内认为是铁路领域中技术含量最高、挑战性最大的一批专业之一。济南西机务段的张春云，深耕机车检修30年，是全局内燃机车和电力机车电气系统专业领域的佼佼者。

一台机车有数万个零部件和上万米导线，张春云要做的就是在这复杂的系统中，快速找到每一处影响机车正常运行的症结所在。

“你要摸清各个部件的脾气。”他说，在机车上摸爬滚打的时间长了、见的多了，机车里大部分电气配件的性能以及这些配件在整台机车中所起的作用，早已深深印在了他的脑海里。

毕业于西南交通大学的张春云，在刚踏上工作岗位时，发现自己在大学所学的专业知识与现场实际之间存在很多不同。

从那以后，他领悟到了“实践是最好的老师”这一道理。要想全面掌握内燃机车的电气检修技术，扑下身子、扎根一线、勤学苦练是唯一的途径。

小到一个元器件，大到一个变流器，每当工作中遇到难题，他总是深究细研，不达目的不罢休。凭着这股求知欲和责任心，他很快掌握了 ND5 内燃机车的电气原理和维修技术。

2006 年，国铁济南局第一台 SS4 型电力机车落户济南西机务段，结束了山东省没有货运电力机车的历史。一直专注于内燃机车检修的张春云，迎来了更大挑战。特别是后来引进的 HXD3 型电力机车，采用的是全新的模块化设计理念，配件集成度高，检修作业需要更加精准、精密。

勤学、善思、有韧劲的张春云没有被难倒，为了解决新出现的问题，他付出了别人难以想象的努力。很快，他就在解决一系列电气技术课题中独挑大梁。

主变流柜是 HXD3 型机车最为精密的电气部件之一，机车的工况、牵引力就是靠主变流柜来控制。“主变流柜内部既有 2800 多伏高压的主电路，又有低至 5 伏的控制电路，还有辅助的冷却部件。”张春云说，主变流柜好比汽车的变速箱，如果变速箱里面出现问题，汽车就会失去动力，“趴窝”。同样的道理，主变流柜一旦发生问题，机车就无法正常行驶。

每到夏天和雨季，他都捏着一把汗，因为主变流柜内的变流元件在这种天气情况下很容易发生烧损问题。为解决这一惯性故障，他组织团队开展攻关，通过深度维护主变流柜，优化检修范围的方法，快速遏制了元器件烧损故障上升的问题。同时，他牵头成立小组，对降低主变流系统检修成本展开攻关。这项成果令攻关小组获评当时的“全国优秀质量管理小组”。谈起这事儿，时任济西检修车间主任的聂磊深有感触：“这个项目是张春云在 2018 年牵头攻关的项目，最终取得的成效非常显著，不仅极大地降低了故障率，而且节约检修成本支出 700 余万元。”

靠着勤于探索、善于创造的钻劲和毅力，张春云在全局 14 种机型机车的电气维修技术研究上都颇有建树。这一点，连机车生产厂家的专家都非常佩服。

一次，HXD3 型电力机车辅助风机电机轴承出现润滑脂漏油现象，生产厂家的技术专家一直在追踪研究。张春云通过查阅参数、测算数据和现场测定等方法，精准找到了出现问题的原因和解决方法，成为国内在此领域取得研究成果的第一人。

“当时，大家都没有关注通风机的静压，也没有通风机内部空腔体积的技术数据。”说起这事儿，张春云颇有成就感，“我们往通风机电机里面灌水，然后再把水放出来测量水的体积，这样就能准确知道通风机电机空腔的体积；再通过‘克拉伯龙方程’，得出气压平衡所需的气体量，验证了免维护轴承润滑脂泄漏的原因。”

他还与现场技术人员一起全面分析研究，撰写了近万字的《济南局关于NS1600 型铁路救援起重机规程执行及优化建议的报告》，获得了中国国家铁路集团有限公司的高度评价。

程传明是济南电务段菏泽信号检查分析工区副工长。他刚上班就接到刘庙信号维修工区的电话，“程工，俺这里 112 号道岔信号数值总是变化，想请你来检查检查……”

类似这样的电话程传明经常接到。接到电话，他先是耐心地把这些信息按照轻重缓急编好计划，然后背着工具包，奔走在菏泽信号车间管内 7 个站场、数百组道岔间，每次都能做到“手到病除”。他精湛的技术是靠长期的钻研练成的。

程传明刚参加工作时，面对《电工》《电子基础》《铁路信号基础》这些专业书籍，一看就犯困，读又读不懂，他决定踏踏实实地拜师学艺。天道酬勤，经过师父的悉心指点，他逐渐开了窍。一有时间，他就泡在现场钻研业务，这使检修水平有了质的飞跃。在一次处理故障中，他只用几分钟时间就使设备恢复了正常运行。

这次成功激发了他的干劲。在工作过程中，他发现工务、电务设备衔接部位是保障安全的关键。但在测量道岔数据时，不同的职工有时测得的数据不一样，而产生的原因是两人测量时放置尺子位置的垂直度不同。他接着想到，铁路电务设备都是以“毫米”计量，只有对数据精益求精地勘测，才能为保障运输安全打好基础。他必须想个办法解决测量操作标准化这个问题。

如果是同一人测量，其掌握的垂直度基本一样，不但测量误差会变小，而且还能节约人力。经过反复思考和试验对比，他筛选出一个最科学的方案：制作“轨道绝缘单人测试仪”。这既实现了节约人力的目的，测量精确度也相应得到了提高。

为鼓励他继续发明创新，济南电务段设立了“传明工作室”。此后，他带领职工创造发明了组合架吸铁屑钻孔器、起销器、视频缺口观察仪、道岔缺口观察仪等现场实用工具，获该段“QC 攻关奖”。其中，视频缺口观察仪解决了道岔缺口浏览分析精准性不足的问题，在全路推广应用。

从业 33 年，“干一行、爱一行”的精神与程传明如影相随，大家都夸他是整治道岔病害的专家。程传明说：“新型道岔设备更需要探索新的维护整治方法，目前正是整治道岔的黄金时期，我们要抓早、抓小、抓重点，及时整治各类病害，确保线路安全畅通！”

“业精于勤，荒于嬉；行成于思，毁于随。”吕关仁、张春云、程传明……从工程技术人员到一线职工，他们都在用自己的故事诠释着拼搏、进取的精神，也告诉世人，精彩的人生缘于精业、敬业。

三、像苏武一样坚守信念

事业需要长期坚守才能获得成就。

“坚”无疑就是长期坚持的意思，有关时间和意念；而“守”字始见于金文，本义是官吏的职责，引申为节操、掌管、保守、遵守、保护等含义。也有人认为，“守”是一个会意字。一个大房子里有一“寸”，“寸”就是手，也是法度，意思是在大房子里按法度办事。古代衙门也是大房子，手代表人，一个人在衙门按法度办事，显然是一个官员。所以这个“守”是指把守、防守的官员，后来将其命名为太守。

几千年过去了，我们再用到祖先创造的“守”字时，主要用其护卫、防守、看守、守候等意思。

苏武是西汉大臣，汉武帝天汉元年（公元前100年）奉命以中郎将的职务，拿着汉武帝授予代表国家的节杖出使匈奴。按常理而言，苏武是一名和平使者，他的出使应该是愉快而顺利的，但事情的发展却出乎意料。当时，匈奴恰巧发生了一次严重的谋反事件。谋反者的首领缑王计划绑架匈奴单于的母亲阏氏，投奔汉朝。谋反者的另一首领虞常原是汉臣，他企图刺杀叛汉降敌、当了匈奴大臣的卫律。他把这个想法告诉了副使张胜。张胜没有向苏武报告，私下支持他们的行动。从国家关系上说，张胜的做法损害了汉朝的信义，有悖两国通好的宗旨，使汉使处于理亏的地位，导致苏武被匈奴扣留。

苏武被困后，匈奴为了使苏武屈服，使出各种残酷的手段来折磨他。单于把苏武囚禁起来，放在大地窖里面，不给他吃的、喝的。有一次下雪，苏武卧着嚼雪，同毡毛一起吞下充饥，几日不死。匈奴人以为他是神仙，就把苏武迁移到北海边没有人的地方，让他放牧公羊，说等到公羊生了小羊他才能回归汉朝。同时，还把他的部下及随从常惠等人，分别安置到别的地方。苏武被迁移到北海后，单于断绝了他的粮食供应，他便只能掘取野鼠储藏的野果来吃。他拄着汉廷的符节牧羊，睡觉和醒时都拿着，以致系在符节上的牦牛尾毛全部脱尽。过了五六年，单于的弟弟於靬王到北海打猎。因苏武会纺制系在箭尾的丝绳，矫正弓和弩，所以於靬王颇器重他，供给他衣服、食品。三年多过后，於靬王得病，赐给苏武马匹和牲畜、盛酒酪的瓦器和圆顶的毡帐篷。於靬王死后，他的部下也迁离了。这年冬天，丁零部落的人盗去了苏武的牛羊，这让苏武的生活又陷入了穷困。

当初，苏武与李陵都为侍中。在苏武出使匈奴的第二年，李陵投降匈奴，因此不敢访求苏武。后来，单于派遣李陵去北海，并为苏武安排了酒宴和歌舞。李陵趁机对苏武说："单于听说我与你交情一向深厚，所以派我来劝说足下，愿对你谦诚相待。你终究不能回归汉朝了，白白地在荒无人烟的地方受苦，你对汉廷的信义又怎能有所表现呢？以前你的大哥苏嘉做奉车都尉，跟随皇上到雍棫阳宫，扶着皇帝的车驾下殿阶，碰到柱子，折断了车辕，被治为大不敬之罪，拔剑自刎了，皇帝只不过赐钱二百万用以下葬。你弟弟孺卿跟随皇上去祭祀河东土神，骑着马的宦官与宫中掌管车辇马匹的官争船，掌管车辇马匹的官被推下去掉到河中淹死了，骑着马的宦官逃走了。皇上命令孺卿去追捕，他抓不到，因害怕而服毒自杀。我离开长安的时候，你的母亲已去世，我为他送葬到阳陵。你的夫人年纪还轻，听说已改嫁了；家中只有两个妹妹，两个女儿和一个儿子，如今又过了十多年，生死不知。人生如朝露，何必长久地像这样折磨自己！"

苏武说："我苏武父子无功劳和恩德，都是皇帝栽培、提拔起来的，官职升到列将，爵位封为通侯，兄弟三人都是皇帝的亲近之臣，愿意为朝廷牺牲一切。现在得到牺牲自己以效忠国家的机会，即使受到斧钺和汤镬这样的极刑，我也心甘情愿。大臣侍奉君王，就像儿子侍奉父亲，儿子为父亲而死，没有什么可遗憾的，希望你不要再说了！"后来李陵不好意思亲自送礼物给苏武，便让他的妻子送给苏武几十头牛羊，以维持生计。

汉昭帝继位几年后，匈奴和汉朝达成和议。汉廷寻求苏武等人，匈奴撒谎说苏武已死。后来汉使者又到匈奴，几经周折找到在北海牧羊的苏武。汉昭帝始元六年（公元前 81 年）春，苏武终于回到长安。苏武被扣在匈奴共 19 年，当初壮年出使，等到回到汉朝时，胡须和头发全都白了。

苏武的故事被班固写进《汉书》，并广为流传。苏武不畏艰苦，经年累月与恶劣的环境做斗争，展现了其顽强的意志和坚忍不拔的品质。十九年如一日，支撑苏武的不是物质，是他的信仰和坚守。

古有苏武，今有济铁人。说到信仰与坚守，当代济铁人就有“苏武牧羊”的精神，他们同样为理想和信念而坚守，他们像苏武一样在坚守中兑现承诺，在坚守中发扬新时代的敬业精神。

大协站是国铁济南局的一个四等站。在铁路运输行业，四等站属于级别最低的一类站。即便这样，大协人也在自己的工作岗位上创造了属于自己的辉煌。大协站始建于 1958 年，位于磁莱铁路磁东段的小协镇大协村，是一个矿区货运四等站，办理整车、零担货物发到。但 20 世纪 60 年代前出生的人应当都听过一句话：“工业学大庆、农业学大寨、铁路学大协。”

建站初期，大协站全体职工群策群力，反复钻研，在运输组织工作中创造出了以“为煤矿服务，为收货单位服务，为到站服务，为编组站服务”为主要内容的特色工作法。

大协车站伴随新汶矿业集团协庄煤矿而建。协庄煤矿，始建于 20 世纪 60 年代初，年设计能力 120 万吨，是当时山东省最大的煤矿。当时车站仅有 21 名职工和两股半线路（其中半股是矿区专用线）。由于是新建煤矿，在诸多因素的影响下，煤矿的产量很不稳定，经常出现“煤等车”或“车等煤”现象。时任站长曲福兴带领职工当时就响亮地提出“宁愿自己麻烦千遍，不让用户一时为难”的口号，在车站实行“煤矿生产—煤炭装车—到站卸车—用户收货”的全过程服务，自觉地把自己当作煤矿的运销科、收货单位的供应科，“宁愿自己指标受影响，不让煤矿生产受约束”。

1964 年，车站开出了第一列按照到站货区货位顺序编挂的直达列车。这是该站集思广益提出的“按卸车站的货区货位顺序装车”的全新设计，“宁愿自己千钩忙，不让到站一钩乱”，将方便让给别人，困难留给自己。“大协式红旗直达列车”由此得名，成为中国铁路运输史上浓墨重彩的一笔，“为到站、编组站服务”的传统传承至今。一个支线四等小站，从此享誉全国铁

大协站路矿工作人员现场组织直达运输（绘图 / 袁昊）

路系统。继 1965 年 9 月 8 日被国家铁道部命名为“全心全意为人民服务的好车站”之后，大协站又先后获得国家级、省部级等级别的荣誉奖项 100 多项。2006 年 3 月，大协站被评为中国“保护消费者杯”先进单位，站长杨华出席了在北京钓鱼台国宾馆召开的颁奖大会。2007 年 2 月，大协站被铁道部评为“全路先进中间站”。2007 年 4 月，这个站又被全国铁路总工会授予“工人先锋号”的光荣称号。

铁打的营盘，流水的兵。60 多年来，大协站的职工换了一茬又一茬，可是当年的“大协精神”却被牢牢地坚守了下来。多年来，大协人在抓好“四项服务”的基础上，提出了“主动四勤工作法”：主动加强沟通，勤了解煤矿的信息，上门服务；主动加强联系，勤注意货主到站的变化，及时服务；主动上门宣传，勤走访解决问题，随时服务；主动从严要求，勤动手消灭违编车，优质服务。

大协站又好像是一所教书育人的学校，他们先后向一些兄弟单位输送了几百名能吃苦、懂业务的优秀干部，培养出近百名劳动模范和先进工作者，靠的就是对“大协精神”的坚守和发扬，对职业的追求和信念。大协人已经成为一张名片，“大协精神”也已经成为中国铁路的一个时代标杆，成为一代又一代济铁人传承的宝贵精神财富。

默默无闻的坚守者，在国铁济南局随处可见。我们再来看一个“守车人”的故事。

提起春运，大多数人首先想到的是涌动的人流、热闹的站台和归乡的喜悦，而对于国铁济南局济南客运段深圳车队看车班的刘松来说，春运却多是“静悄悄”的。

每天晚上6点30分，对不少人来说，是与家人一起享用晚餐的时候。而此时，刘松正和同事们一起列队等候在济南站5站台，由他负责看守的K1283次列车马上就要进站了。对他来说，每一个这样的夜晚都是一个不眠夜，春节期间更是如此。

对于看车人员来说，当列车晚上驶入客车整备场时，一天的工作才算正式开始。夜间的车厢内没有电，温度很低。刘松顾不得寒冷，便投入工作中，仔细清点备品和车内设施。深夜的车厢静悄悄，只有偶尔的几声机车鸣笛划过漫漫长夜。

每天凌晨0点，列车的部分车厢要更换车底，需要看车人员把车上的备品挪到临近车厢，这项工作要一直持续到凌晨4点左右。这期间，刘松还要在车内再进行一轮巡视，一边再次确认车门是否锁闭良好，一边清点车内备品，并对车内卫生间、洗脸间的台面、电茶炉等进行消毒。刘松说，这样做不仅能驱赶寒夜中的困意，而且可以确保列车设施、设备安全和环境清洁卫生，为旅客营造安心、舒适的乘车环境。

早上7点30分，阳光洒满大地，列车乘务班组来到列车上。在与乘务员做好交接之后，刘松结束了一夜的辛劳。在万家团圆时，正是他们的默默坚守，保障了旅客安心回家的路。

刘松是铁路系统千万个守车人中的一个，与他一样坚守岗位、默默奉献的铁路职工还有很多。

济南供电段菏泽南接触网工区工长周立，曾七天七夜坚守在施工现场，连续 33 天吃住在工区，被工友们称为“超人工长”。

周立所在的工区管辖着新兖线菏泽地区接触网设备的维护工作，所有的设备情况他都了如指掌。工区“天窗”时间大多在晚上，工作量非常大。结束了当天集中修“天窗”的工作后，回到工区的周立第一时间就坐在电脑前，将当天处理的隐患和存在的不足进行建档梳理，并在作业总结会上进行分析。“在我眼中，周工长就像是不知疲惫的‘超人’，做事总是雷厉风行，从不让隐患过夜。”工区的同事这样评价他。

2021 年 4 月，受疫情影响，生产计划需要重新调整。人手少，任务重，集中修“天窗”和配合“天窗”的工作经常同时进行。在合理安排人员分工的同时，周力给自己安排了 31 个“天窗”，白天黑夜“连轴转”。其间，他们共配合完成更换道岔 46 组，调整数据 31 处，更换轨枕 5.2 公里。

2022 年夏天，为避免外部环境对接触网设备造成不良影响，周立带领同事们冒着近 40℃的高温，徒步对工区管辖设备进行全面勘察，统计并建档涉外环境问题 69 处，积极联系沿线 9 个相关单位，送达相关文件 40 余份，张贴宣传资料近百张，完成 69 处问题销号。从电力线路工到接触网工，周立工作 28 年来用辛勤的汗水浇灌着理想信念之花。

虽然他们的工作岗位是千百个铁路工种中普普通通的一种，如一粒粒道砟朴素而又默默无闻，但是他们在幕后用艰辛谱写了一曲坚守信念之歌。正是这一粒粒“道砟”对岗位的坚守和对职业的信仰，才换来了铁路大动脉的畅通，才让“中国速度”不断提升与飞跃。

四、“大我”是一种境界

“我将无我，不负人民。”2019年3月22日，习近平总书记在国事访问期间说出了这样一番肺腑之言，感动了无数人。他提出的短短八个字，底蕴深厚、意涵丰厚。

“无我”“无私”“奉献”“牺牲”的提法，在中外思想文化书籍中屡见不鲜，都有引发人们向上向善的励志导向。“无我”本是佛语，是指世界一切事物都没有独立的实在自体，都是因缘和合而生。而在道家的经典著作里也有类似“无我”的论述。如《老子》中说：“圣人常无心，以百姓心为心。”《庄子·逍遥游》也有“至人无己，神人无功，圣人无名”的观点，都有着破除自我执念、摒弃功名束缚，追求物我相忘境界的意思。

习近平总书记还曾专门提到王国维的《人间词话》，王国维在书中提出“有我之境”和“无我之境”两种境界：“有我之境，以我观物，故物皆着我之色彩；无我之境，以物观物，故不知何者为我，何者为物。”“有我”与“无我”，可以用来品评诗词境界，也可以作为衡量做人境界的标准。

“无我”境界更是成就“大我”的动力源。翻阅《梁家河》《习近平的七年知青岁月》《习近平在正定》《习近平在福建》《习近平在浙江》等书籍，不难发现，习近平总书记始终把人民群众的利益放在首位；他不远千里考察学习，归来后建成陕西省第一口沼气池；他在河北正定县任职期间，大兴调研之风，骑着“二八”自行车走街串巷，调查和解决基层和老百姓的实际问题。

“我将无我，不负人民。”这与周恩来同志“永远做人民忠实的勤务员”，邓小平同志“我是中国人民的儿子”一样，朴实而深情，体现出大国领袖为中国人民谋幸福、为中华民族谋复兴，甘于奉献、勇于担当，矢志不渝的思想境界和责任担当。

作为“人民铁路为人民”的铁路一分子，国铁济南局历经岁月洗礼而为民初心不改，把“我将无我，不负人民”演变为“安全保稳定、管理上水平、职工得实惠”的工作主线，眼睛紧紧盯着安全之天、发展之路、职工之本，落实着“人民至上、生命至上”的理念，“让人民幸福”这个“国之大者”有了坚实的保证。

“新时代属于每一个人，每一个人都是新时代的见证者、开创者、建设者。”新时代的万千气象，激荡着每一个济铁人的梦想；新时代的蓬勃朝气，激励着每一个济铁人的奋斗。

2022年9月15日晚，中央电视台综艺频道《我的艺术清单》节目正在播放。屏幕上，我们看到了一个熟悉的面孔，他就是“全国优秀共产党员”、“全国劳动模范”、国铁济南局首席技师薛军。

1985年，从小热爱火车的薛军进入铁路，并如愿被分配到济南机务段工作，从一名实习生做起，从事蒸汽机车司炉工作。随着牵引动力的不断升级，

薛军：七本火车驾照成就“复兴号”高铁先锋（绘图／解世媛）

薛军先后驾驶过内燃机车和电力机车。

在这期间，由于业务突出，他成为首批“全国青年文明号”——“39共青团号机车包乘组”成员。薛军说：“能上‘39’的都是青年中的精英，大家都在比着干，所以我就要求自己一定要做到最好。”于是，他给自己立下规矩：早来1小时出乘接车，晚走1小时退勤检车，再小的问题也要弄明白。每次机车发生故障，薛军并不是把故障现象交代给检修人员后一走了之，而是跟着他们一起上车，在一旁认真学习处理故障的全过程。如果之后再遇上同样的问题，薛军就会给接班的司机留下纸条，写明车有什么故障，怎么处理，很多包乘机车组现在还保留着递纸条的交班习惯。

因为对机车有了足够的了解，薛军总结提炼出“节油平稳操纵作业法”和“长大坡道动能闯坡法”，解决了当时列车晃动和不能正点到达两大难题，一跃成为中国铁路济南局“青年技术能手”。

就在薛军还在为电力机车的自动化、模块化振奋之时，中国的动车时代已经悄然来临。“有一次，电视正在播放一个介绍动车组列车的节目，我立刻就被吸引住了，感觉很震撼。”回忆起当年的场景，薛军感慨万千。和传统普速机车不同，“高大上”的动车组列车运行速度之快，设备仪器之先进让薛军“开了眼”，打开了他的新视界。

“电力机车夏天有空调，冬天有暖气，很舒服、很干净，但是要想开动车组列车就得再考驾照，这就要求我从头学起。考不出这个驾照就太丢人了。”薛军说，“可是看着这么好的车不能开，我又不甘心。火车要开就得开最好的。”

半米多高的专业书、纯英文的技术资料、完全陌生的车型，以及一场不亚于高考难度的动车组司机选拔，这对于已经40岁的薛军来说是个巨大的挑战，但是他毅然下定了报考的决心。

2008年汶川地震发生时，薛军正在位于成都的西南交通大学紧张备考。他每天除了认真研读相关资料和图纸，一有时间还会进行实作练习，对于遇到的问题他从不轻易放过，始终与问题“死磕”到底，向老师咨询请教。他将动车组列车的构造原理、操纵技术、非正常行车应急处置等知识，记满了一个又一个笔记本，他只有在每晚睡觉前才有时间打开手机，给妻子发条“我没事，放心”的平安短信。一个月的闭关，功夫不负有心人，薛军最终以动车控制系统、人机工程、计算机终端系统满分的成绩取得动车组列车驾照。

2017 年 6 月 26 日，薛军作为中国铁路济南局唯一代表，担任“复兴号”京沪高铁首发任务。在风驰电掣的运行中，他感受着属于中国人的骄傲与自豪。为了圆满完成这次值乘任务，薛军下了很大功夫。原则上，高铁停车对标误差要求不超过 10 厘米，薛军却要求做到停车对标“零误差”。时速 300 公里的动车组制动距离是 3800 米，时速 350 公里的“复兴号”列车制动距离则是 6500 米，制动距离越长，对标难度越大。为在“复兴号”上线运营前攻克这个难关，薛军业余时间几乎全耗在模拟驾驶室和动车所实训场，看着 ATP 速度值精准控速，不断改善操纵方法，对着停车标反复练习制动，消除对标误差，最终总结出“一把闸平稳对标法”，成为同事们平稳操纵的“宝典”。他总结出的“一清、二想、三看、一朗诵”防错漏安全作业法，在动车组司机中广受欢迎。

在列车运行过程中，司机要操作各种设备。19 种动车组列车型号不同、设备不同，所以操作方法有所差别。为了确保行车安全，薛军将 19 种车型的操作技术形成模块化记忆。每次接车时，他要在 2 分钟里完成 10 多个步骤。薛军说：“使用哪种车型，我就把相关操作技术从‘记忆模块’里调取出来；在换另一种车型前，我要把上一次操作技术收回‘记忆模块’，再调出这次车型的相关技术。这样，各种技术不会混乱，互不干扰，开车时能更加专心、专注。”

工作之余，薛军积极参加创新工作室技术攻关、教育培训等工作。他与工作室的成员们一起，针对国铁济南局在线运用的 12 种车型和 5 种列控车载设备，研究制定的“动车组司机操作提示卡”，成为动车组司机的安全行车宝典。他利用工余时间，通过“师带徒”“微讲座”“小练兵”等形式，为动车组司机答疑解惑，并先后培养出各级技术比武状元23名、技师17名、高级技师5名，其中还涌现出了山东省“五一劳动奖章”获得者孔祥配、集团公司“安全标兵”张海涛等一大批先进典型。

到目前为止，薛军已经在火车司机岗位工作了将近40年，驾驶过“前进”“东风”“韶山”“和谐号”“复兴号”等29种车型，累计值乘7100趟，安全行驶400万公里，运送旅客1000多万人次。2022年6月28日，全国“两优一先”表彰大会在北京举行，薛军被授予“全国优秀共产党员”荣誉称号。在火车驾驶室的方寸天地之间，从60公里/小时到350公里/小时，他用7本不同速度等级的火车驾驶执照，见证了“中国速度”和中国铁路的发展成就。

刘波：用平凡铸就非凡的“齐鲁大工匠”
（绘图/刘军延）

在铁路系统，与薛军一样是“最美铁路人”的还有一位明星级人物，他就是青岛动车段现任动车机械师刘波，也是中国第一个动车机械师岗位的“大国工匠”。

1991年，刘波职业高中毕业后，被分配到原青岛车辆段蓝西列检所从事货车检修工作。为提高自己的专业素养，他利用业余时间取得了电气自动化专业的大专学历，继而取得了本科学历。机会总是留给有准备的人，1995 年，段上招聘空调车车电员，他从众多应聘者中脱颖而出。

新的工作岗位，给了刘波新的挑战，他日夜钻研，埋头苦学，逐个研究一条条电路、一个个模块。为了学会使用德国发电机组电路图，刘波那时候不放过任何一个懂电路图的人，不把这个人问得哑口无言，就不停下。不到一年，他就成了空调发电车检修最内行的人。2007 年初，段上招聘动车组机械师，刘波毫不犹豫地报了名。经过考试选拔，刘波被录取为动车组机械师，成为中国铁路第一代动车人。

虽说通过自学，刘波掌握了一定的电气专业知识，但刚开始接触动车组时，原本信心满满的他还是一下就懵了。他每天面对的都是全新的设备和技术，因此不管白天、黑夜，工余、休班，还是车上、车下、间休室，随时随处都能看见他一手捧图纸、一手拿笔记本研究记录的身影。由于白天动车组都在线上运行，没法对照实物进行学习，他就细细地研读书本上的理论知识，等到夜晚动车组入库后，地勤检修作业结束，他就抱着图纸对照实物一个零件一个零件地学，经常到了后半夜才回去休息。

厚厚的电路图本和写满了学习笔记的笔记本成了他的随身物品，他走到哪儿带到哪儿，抽空就看，随手就记。短短两个月，他啃下了 600 多页的培训教材、200 多页的应急处理手册和 300 多张电路图。

刘波一直珍藏着一本 CRH2 型动车组电路图。这本电路图的边角被磨损得卷起来了，上面密密麻麻地写满了多种颜色的标记。磨损和标记背后，是刘波无数个日夜的翻阅、苦思、钻研。2007 年 9 月 30 日，他终于拿到了随车机械师上岗证，他说："就像小时候，终于得到了自己渴盼已久的那块奶糖！"

10 月 3 日，刘波第一次值乘动车组。他将那本已经翻得有些卷边的应急处理手册和做了多种标记的 CRH2 型动车组电路图、记满数据的笔记本，以及多色彩笔装进随身携带的工具包里，一旦有空就拿出来琢磨，无法理解的部分就标记出来，回乘后或者就在值乘中向班组人员和厂方专家请教。虽然之前已经从事了多年的乘务工作，但他还是有些紧张。他像一个新兵，挨个车厢跑，一刻不停地查，整个行程几乎没有停下过脚步。

2008 年 10 月，刘波代表集团公司参加全国铁路行业技能大赛，一举夺得动车组机械师组 CRH2 车型第二名。“老铁路人有一个习惯，‘望闻听问’法：看表象，闻有没有异味，听有没有异音，问使用者或旅客具体有什么问题。”刘波说，这样的方法来自经验，也是对技术极大程度的总结。

2016 年 3 月，刘波进入 110 应急指挥中心工作，开始在更高的层面对高铁运行进行全面把控。此时，他的目标比过去更加清晰：诊断动车故障无错误，接受故障问询无时限，盯控疑难故障无遗漏，确保动车运行绝对安全。

在不断拼搏与进取的道路上，刘波也喜悦地收获着。作为中国第一代动车机械师，2007—2016 年，刘波检修过 3000 多列（次）动车组，排除过 30 多次重大故障险情，为中国高铁的发展做出积极贡献。2013 年 11 月，青岛动车段成立“刘波创新工作室”，研究形成的“刘波动车故障处理法”、制定的《CRH 系列动车组故障处理手册》，成为职工学习培训、排除故障的教科书。2016 年 11 月，刘波来到北京，登上了“中华技能大奖”的领奖台，成为当年唯一获此殊荣的铁路人。这意味着，诞生于 2007 年的动车组机械师岗位上，有了第一个“国家工匠”。

现如今，刘波身上挂满了荣誉：“全路技术能手”“火车头奖章”“全国技术能手”“山东省首席技师”“全路首席技师”“中华技能大奖”“全国五一劳动奖章”“齐鲁大工匠”、山东省“富民兴鲁”劳动奖章获得者、“全路优秀共产党员标兵”，享受国务院政府特殊津贴……他还被中央电视台等各大新闻媒体多次报道，并被誉为“高铁技术先锋”。

他常说：“我一生只爱技术，从未有过改变。中国的高铁，可以说给世界高铁划定了标准。作为高铁人，我见证、参与了中国高铁的时代进程，非常自豪。是中国高铁成就了我，是动车组机械师的岗位成就了我。”

薛军、刘波是铁路系统的先进典型，是“明星职工”，是各自工作岗位上的形象代言人。在千千万万个铁路职工中，他们是佼佼者、幸运儿。是时代选择了他们，他们也用自己精湛的技术和无私的敬业精神成就了辉煌的人生。

五、让工匠精神熠熠闪光

当我们坐在时速 300 多公里的高铁上感慨、议论、抒情、畅想的时候，又可曾想到在驾驶室里，一位位兢兢业业、全神贯注的司机，正用他们全部的技术和精力去守护这一程的平安。在国铁济南局坚守的敬业精神渐进式发展中，涌现出许多在平凡岗位上做出闪光业绩，不辍求索、脚踏实地、拼搏奉献的济铁人。

火车司机，特别是高铁司机，对于普通人来说无疑是神秘的，但是这份神秘无时无刻不透出济铁人坚守与敬业的精神。一个个闪亮的名字，共同奏响国铁济南局行进的乐章。截至目前，济南机务段动车组司机晁吉忠、胡华北、刘杰、薛军、张刚，济南西机务段机车司机邢桂亮、房兆玲、颜猛、张洪峰等 9 人，先后安全行车 7000 趟，成为领跑全局“百安赛”的安全先锋。此外，还有 32 名机车司机实现安全行车 6000 趟，正朝着 7000 趟冲刺……

他们把自己手中的“闸把子”看得重如千钧，他们非常明白，他们守护着一车人的生命，稍有闪失就会造成不可挽回的严重后果。生命重于泰山，而他们是守护“泰山”的人，他们在安全驾驶的大道上践行着“大工匠”的责任与担当。

前面说的“百安赛”，即“机车百趟安全正点竞赛”，开始于 1993 年，是国铁济南局历史上参与人数最多、持续时间最长的一批安全竞赛活动之一，已经成为国铁济南局机车乘务员保安全、展作为的大舞台。这个舞台上闪耀着一个又一个敬业者的名字，展现着济铁人敬业向前、笃定不移的精神气质。这些火车司机，用火车头的引领作用，赤诚热烈地奔跑在祖国的山川河流间，续写着国铁济南局的新诗篇。

2022 年，春运开始的第一天，动检车司机张海涛值乘。动检车的外形、速度与动车组一样，不过是检查专业用车，因此，又有铁路上的“排雷车”之称，顾名思义就是为后续行动扫除障碍。在每列动检车上，除了列车司机以外，还有来自工务、电务、供电的随车添乘人员。各个部门的随车添乘人员守着自己的设备，一边观测，一边与其他部门沟通，各司其职又相互配合，共同确认无危及安全和影响行车的事项。这也是济铁人的工作方式和优良传统，大家没有各扫“门前雪”的习惯，也不会不管他人的“瓦上霜”。别人的事儿，也是我的事儿；我们的事儿，全都是安全的事儿。虽然动检车的开行没有对旅客起到承运作用，但它却默默地为每日开行的动车保驾护航。可见，动检车的作用不容小觑。在春运期间更要确保列车运行万无一失，因此每一项工作都不能掉以轻心。对于动检车司机来说，狭小的司机室内，哪怕是独自一人，也要坚持把各项工作做到实处，做到一丝不苟……

“叮铃铃……”2022 年 1 月 28 日 2 时 58 分，公寓叫班铃响起。这响声在安静的休息室内显得刺耳、突兀。床头灯随即被打开了，张海涛坐起来，迅速穿衣服、扎领带、洗脸，电动剃须刀嗡嗡地响着，镜子里是一张苍白的脸。他用梳子梳了一下头发，然后戴上帽子，拿好门后的行车装备出发了。走廊里一片寂静。怕影响到其他同事的睡眠，他踩着碎步下楼，走到派班室，自己拿起带有记录和上传功能的酒精检测仪开始检测。他长吹一口气，然后看了看上面的数据——“0”。当然是“0”，这是硬性规定，比对汽车驾驶员酒精检测的严格要求高出许多。张海涛放下测酒仪，开始核对运行揭示卡——一张写满了运行注意事项的卡片。他要迅速记住这张卡片上的内容，火车在哪个区段应该运行什么速度、在哪个区段应注意接触网状态、在哪个区段注意什么信号设备，他都要了然于心。他将运行揭示卡放进上衣口袋里，然后开始阅读出勤指导，即细化工作的一张“明白纸”，上面有司机要注意的具体事项和应急处理的方法。他结合自己的作业习惯，总结了开车前“三提醒”工作法。每次值乘前，他都要提前来到信息台和派班室，用心做好行车预想，针对每趟车使用的机型及 ATP（列车自动保护系统）操作方法的不同，以及天气情况等，提醒自己细化作业程序。张海涛担任司机 20 多年，多次因工作认真、负责被评为“优秀共产党员”。

3 时 15 分，他踏着夜色走向济南西动车所值班室。路上结了霜，霜花在路灯下闪动，小径两旁的冬青叶也覆了一层霜花。夜色正浓，站场里传来低哑的汽笛声。

张海涛推门进屋，向值班室申领动车钥匙，仔细核对后，他将钥匙挂在腰间。站场上的灯光依然悬在那里，灯光下钢轨闪动着流光。张海涛独自一人走进站场，来到了动车组前。动车外部检查、司机室各开关检查、全部制动试验、ATP 参数输入等准备工作他一项一项认真试验确认后，抬头看了看出站信号。张海涛提醒自己：今天是春运的第一天，我担当的是第一趟动检确认车，必须保证安全、正点，为后续列车的安全开行提供有力保障。

一路上他上看接触网状态，下看线路情况，眼观六路，耳听八方。“前方有电分相，前面有禁停标……”他一边一丝不苟地观察前方线路，一边不断提示自己：“接触网各结构、部件正常，线路运行平稳正常……”

思想上看齐、找齐，说一千道一万，最终还要落在行动上。张海涛的“三多三少”平稳操纵法，即运行中多利用自然起伏，少动闸把；调速时多带电制动，少空载制动；停车时多一次停妥，少追加减压。他将这些操纵方法应用到实践中后，有效保证了列车全程平稳运行，被济铁人广为称道。

在人类改造世界的“马拉松”进程中，“现代化”从 18 世纪中叶出现以来，已经走过了 200 多年。中国式现代化打破了“现代化就是西方化”的迷思。

新时代的中国，全面建成小康社会，正在全面建设社会主义现代化国家，赋予了中国式现代化以新的理论内涵和实践特色，铸就了人类文明形态的新高峰，为中华民族真正强起来铺平道路，为其他国家实现自强提供全新选择。

在新成就面前，国铁济南局中就有那么一群埋头苦干、真抓实干的济铁人，他们不畏其难，不畏其艰，只争朝夕。

张永建是国铁济南局临沂工务段的一名普通职工，也是一名铁路大桥的维护工。瓦日铁路是连通我国东西部的一条重要交通要道，承担着煤炭、铁矿石等生产物资运输的重要任务。2022 年春节过后，各地企业纷纷复工复产，各类生产物资需求量增大。为了保证这条铁路的运输畅通，张永建和工友们一起，日夜穿梭在瓦日铁路的大桥上，和每一颗螺栓“较劲”。

天刚蒙蒙亮，临沂工务段的作业人员就已经来到了瓦日铁路的一座大桥下，即将对这座大桥的钢梁部分进行全面系统的检查。这座钢梁桥全长 60.1 米，钢梁部分全部由钢架和高强度螺栓组成，其中有高强度螺栓 2 万多颗，如果检查的时候发现螺栓有松动的或者折断的，他们就要及时对其进行补充、更换。

这座大桥的钢梁部分一直是他们检查的重点，春运期间更是不敢有丝毫放松。其中，大桥下部承受荷载较大，高强度螺栓密集，是作业人员检查的重点部位之一。但是由于作业空间狭小，很多位置甚至只有几十厘米高，他们不得不匍匐在梁体下方，抬起头一个点一个点、一颗螺栓一颗螺栓地查看。

瓦日铁路上通行的万吨重载列车，会对桥梁产生较大的荷载，在反复运行的过程中，有的高强度螺栓会出现松动或者折断的情况。每次检查作业，他们都要像啄木鸟一样，用手里的检查锤敲击每一颗螺栓，看是否有松动迹象。每次作业下来，一个人至少要敲击超过 3000 次。

此时，桥面上的张永建在大桥上部的钢梁位置，发现了一处螺栓断裂的情况。作业时间有限，张永建迅速穿戴好安全带，准备爬到梁体顶部进行更换。

这座大桥有几十米高，钢梁顶部位置距离下方高速公路更是超过 30 米，呼啸的北风让人站立不稳，常人在上面站着不动都会头晕目眩，即使是经验丰富的张永建，也要非常小心。只见他张开双臂，像鸟一样张着翅膀，风吹动他的衣袂，阳光洒在他的身上，这让站在高出的张永健看起来那么瘦小。他沿着仅有 30 多厘米宽的钢梁，在下方同事的指引下，来到高强度螺栓断裂的位置，两次扣好安全带，仔细查看螺栓的情况。螺栓孔位于梁体下部，张永建坐在钢梁上，俯身试了几遍，发现位置不合适，不能将螺栓放进去。他只能转过身来，试探着站到两边钢梁的侧翼上，一只手臂支撑在钢梁上方，另一只手将螺栓放入螺栓孔，然后一点一点地拧紧螺母。

由于半个身子悬在空中，难以借力，原来简单的拧螺栓的动作也变得艰难无比，从安装到拧紧花了将近 20 分钟。拧紧后，张永建已经累得气喘吁吁，满脸通红。他向桥面上的工友挥挥手，随后又对附近的每颗高强度螺栓进行了检查和复紧，确认无误后才放下心来。从桥架上下来，同样惊险万分。窄窄的钢梁像一条倾斜的平衡木，风吹来时，摇摇欲坠；长长的安全绳在张永建身后拖着。这在阳光的映衬下，形成了一幅动感的画。

回到工作平台上，大家在商量下一步的活儿——济铁人有一个显著特点，上班时自不必说，下了班，大家聚在一起吃个饭，谈的也是工作。管理人员也好，工作人员也好，大家的思维都在活儿里头，都在琢磨怎么把活儿干实、干好。

最后，张永建和工友们顺着检查梯，慢慢地回到了桥面。脚踩实地的感觉让他绷紧的神经放松了不少，此时距离作业结束时间还有不到 10 分钟。一行作业人员撤出作业地点不久，一列满载着煤炭的万吨列车就通过了这座大桥，缓缓地驶向远方。

检查桥梁这个活儿张永健和工友们干了这些年，说不累是假的。但他们清楚地知道桥梁的每一颗螺栓都不能松，只有这样才能保证桥梁的安全性、稳定性。

2021 年 10 月 6 日，被称为“青铜剑”的国铁集团综合检测列车

CRH380AM 型 0204，在司机孔祥配的驾驶下，犹如一道闪电在齐鲁腹地疾驰而过。当速度表显示数字“385”时，在场人员都兴奋地喊了出来。这代表鲁南高铁（曲阜—菏泽段）在联调联试逐级提速试验中达到最高设计速度的 110%，标志着鲁南高铁（曲阜—菏泽段）以优异的成绩经受住了“青铜剑”高速度级的冲刺“大考”。

这次联调联试只有两个多月的时间，试验项目要求较高，尤其是大王庄线路所节点的试验，属于非营运线路向营运线路试验，需要他们在保证试验数据准确的同时，还要保证营运列车的正点运行。运行时刻要求精确到秒计时，也就是每秒的对标公里标都需要误差极小，孔祥配和他的联调联试团队感到压力巨大。为确保联调联试工作按计划顺利推进，这个团队的 34 名人员在国庆假期主动放弃休息时间，坚守奋战在一线。

鲁南高铁（曲阜—菏泽段）线路限速变化频繁，在 190 多公里的线路上，300 公里 / 小时以下的限速变化地点多达 10 余处，而 300 公里 / 小时以上的限速变化点更多。然而，新一轮的降雨影响鲁西南地区，如何在恶劣天气下确保试验列车运行安全和试验数据准确，又给这个团队出了一道不小的难题。他们根据试验推进计划，结合当天天气情况，制订了细致周密的行车方案。在哪里提速，在哪里下闸，如何能保证达到试验效果，他们都做了精细的安排。

为了不影响运营线正常运输，提速试验定在晚上进行。孔祥配和小组成员精心备战，对提速区段的线路数据、公里表和区间限速全部熟记于心，将前期制作的操纵提示卡重新细化，并增加了精确制动级位和模拟速度差数据。由此，跨运营线试验难题被顺利破解。

联调联试是什么意思，可能很多人不理解。铁路联调联试，主要就是通过检测列车、综合检测列车和测试动车组“折返跑”，采集分析线路、接触网、通信、信号、客服信息、自然灾害及异物侵限监测等设备的系统数据，逐步进行测试、调试和优化，最终实现线路各子系统和整体系统满足动态验收要求和开通运营条件。

冲击最高试验速度是新线试验的关键一环。当时鲁西南地区秋雨绵绵，线路湿滑，能见度低，这对驾驶员的操纵技术提出了更高要求。孔祥配带领小组成员针对天气情况，制订了细致周密的行车方案。在近 3 个月的联调联试中，他们总计开行试验列车 1499 列，走行 71912 千米，安全顺利地完成全部提速和列控试验任务，TQI 轨道质量指数达到 1.4 毫米，实现了历史性突破。

参加工作 20 年来，孔祥配参与了京沪高铁、青荣城际铁路、青盐铁路、济青高铁、鲁南高铁等新建高铁开通前的联调联试工作。他说：“能够亲身参与山东所有新建高铁线路开通前的准备工作，亲自驾驶高铁列车驶入齐鲁大地一个又一个新的城市，看到高铁给越来越多的山东父老乡亲带来巨大的出行便利，我由衷地为自己从事这份职业感到自豪！”

“大国工匠”精神是走富强之路的前提与支撑。在开拓前进的路上，总会有一群人，成为我们的灯塔，在通向目的地的路上，这些灯光一直都在，永不熄灭。在国铁济南局中，像张海涛、张永建这样的工匠无处不在。他们以踏实的态度在平凡的岗位上做出了不平凡的贡献，他们的精神激励着更多的济铁人埋头实干、奋发有为。近几年来，国铁济南局先后涌现出“全国劳动模范”“先进生产者”“五一劳动奖章”获得者 8 名，省部级劳动模范、“火车头奖章”获得者 173 名，“齐鲁大匠”“齐鲁工匠”“铁路工匠”15 名，10 个集体荣获“全国工人先锋号”称号。他们是国铁济南局爱岗敬业的带头人。

银白色的高铁带动一个时代的进步，行进在高铁上的中国是一个充满生机与活力的“梦工厂”。一个民族、一个国家处于上升期的重要标志，就是敢于设定伟大梦想，并且坚信不疑、坚持不懈地追梦、逐梦，用实干引领，以坚实的脚步奔跑在追求理想的大路上。

第三章　谁持彩练当空舞

态度是做事的前提，最终要落到实际行动上。

中国人一贯推崇实干精神。古人推崇“为政贵在行”的理念。反对空谈、强调实干、注重落实，是我们党的一个优良传统，也是我们党带领人民不断夺取新的胜利的关键。

1945 年，毛泽东主席在党的七大闭幕式上发表题为《愚公移山》的重要讲话，号召全党全国人民“下定决心，不怕牺牲，排除万难，去争取胜利”。邓小平同志强调“不干，半点马克思主义也没有”。党的十八大以来，习近平总书记多次提到“愚公移山”精神，面对艰难险阻，我们要咬定目标、苦干实干，创造出经得起历史和人民检验的实绩。

“赤橙黄绿青蓝紫，谁持彩练当空舞。”新时代，一端连着历史，一端指向未来。在重大历史时期，更加需要实干精神来实现伟大梦想。在这个新时代，一句“谁持彩练当空舞”，放在国铁济南局和济铁人身上，再形象不过了。他们手持工具，在钢铁大道上充分施展才华，用自己过硬的技术确保一条条列车的平稳、安全运行。

一、“如履薄冰”与“闻鸡起舞”

“如履薄冰”一词，出自《诗经・小雅・小旻》，原文是：“战战兢兢，如临深渊，如履薄冰。”意为像走在薄冰上一样，比喻行事极为谨慎，存有戒心。

后来，“如履薄冰”经常出现在关于确保安全生产的重要讲话和重要文件中。对于三峡水利工程建设，周总理就曾经指出，在长江上筑坝是要载入史册的大事，我们要以战战兢兢、如履薄冰的态度对待这项工作。

铁路是国家关键基础设施和重大民生工程，确保铁路安全直接关系着人民的生命安全，是国家总体安全的有机组成部分，是铁路工作的政治红线和职业底线。

实干为要，行胜于言。安全工作来不得半点懈怠，来不得半点虚伪，来不得半点造假，唯有实实在在地干，真真切切地落实。

在历史上，人们还把实干和建功立业联系在一起。晋代的祖逖就是一个具有远大抱负的人，他与好友刘琨一起为官，两人有着共同的理想：为国为民，建功立业。每天凌晨听到鸡鸣之后，他们就起床练剑，暑往寒来无间断。后来两人领兵打仗，为国家建立功业，祖逖被封为镇西将军，刘琨则做了都督，兼管并、冀、幽三州的军事。他们“闻鸡起舞”的故事也成为家喻户晓的典故而深入人心。

古今有两幅《画鸡》图形成鲜明对比。一幅是明代唐伯虎的《画鸡》，画上题诗：“头上红冠不用裁，满身雪白走将来。平生不敢轻言语，一叫千门万户开。”另一幅是当代华君武的漫画，画中的鸡引颈奋啼，画中人怒发冲冠，双手高举枕头向鸡打去，题曰“闻鸡起舞”。

实干是奋斗者的通行证。时至拂晓，雄鸡一唱，“石涧冻波声，鸡叫清寒晨”。在实干者的耳中，这鸣啼如春雷当空，“律回春晖渐，万象始更新”；又如战鼓催征，“一闻边烽动，万里忽争先”。然而，在嗜睡、装睡者的梦里，这清脆的鸡鸣却是“恶声”，他们充耳不闻甚至厌恶至极，昏睡依然，萎靡依旧。

探究历史，烛照现在。闻鸡起舞那种“一日无为、三日不安”的责任心和“时不我待、只争朝夕”的紧迫感，都须臾不可或缺，永远不会过时。尤其是当下之中国，如河入峡谷、风过隘口，既有“昨夜江边春水生，艨艟巨舰一毛轻”

的快慰，也有“天时人事日相催，冬至阳生春又来”的紧迫。“以今日之我，胜昨日之我”，并非易事，天上不会掉馅饼，闻鸡起舞正当时，这是安全实干最直接的写照。

对于国铁企业的安全工作来说，闻鸡起舞是一种状态，也是一种常态；是一种责任，也是一种使命。作为国民经济大动脉，铁路安全涉及公共安全，关系着人民群众生命财产的安全，关系着社会稳定，关系着铁路改革发展大局。保证安全生产，每名职工都不能置身事外，都要心中牢记安全、肩上勇担责任，时刻把“安全阀”拧紧、“安全扣”系牢、“安全关”把住，坚决守住铁路安全政治红线和职业底线，坚决维护铁路安全稳定局面，才能不断推进铁路高质量发展。

在国铁济南局的重要议事日程上，安全工作永远是打头的，是第一位的。安全这个“第一”，就是绝对的“第一”，压倒性的“第一”。

他们认真贯彻习近平总书记关于安全生产的重要论述。在每年的党委中心组学习会上，学习习近平总书记关于安全生产的重要论述和指示精神，是雷打不动的规定动作。

他们始终牢固树立安全发展的理念，始终把安全作为铁路最大的政治，恪守“人民至上、生命至上”“确保高铁和旅客列车安全万无一失”的安全发展理念，始终绷紧安全生产之弦，坚决守牢安全发展的底线。

在实践中，他们创新构建“三位一体”安全保障体系，深入落实“抓早、抓小、抓重点”的工作方法，扎实推进标准化、规范化、专业化建设，安全管理基础日益牢固，安全保障能力不断提升。

2022 年，国铁济南局安全工作创下近 10 年来历史同期最好成绩。在成绩面前，济铁人保持了可贵的清醒与定力。国铁济南局主要领导反复提到安全生产“周期率”，再三告诫全体干部职工，在安全稳定的成绩面前，必须轻看成绩、重看问题，强基础、抓重点、控风险，尽最大努力延长安全周期。

安全越是相对稳定，越不能掉以轻心。全局上下始终保持工作定力、保持管理强度、保持落实力度，坚持主要领导以主要精力抓安全，不断夯实安全根基，推动安全长治久安。

济南通信段职工乔保军手机的通讯录带有“公里标”，记录了村支书、施工人员等256个标注公里标的电话号码，遍及199个沿线村庄和工矿企业。通过这种方法，他和伙计们解决了56件涉及通信光缆径路施工的线路隐患问题。

济南工务机械段让职工成为“吹哨人”，实施安全“随手查”，遇有隐患随时用手机拍下来，及时上传到平台。安全管理人员在线反馈隐患整改结果，形成隐患上报、整改跟踪、隐患销项的信息化全过程闭环管理，并及时对“随手查”优秀项目进行评选表彰。

安全面前，济铁人始终保持“时时放心不下”的责任感和“睡不着觉”的高度警觉，跟着问题走，奔着问题去，时刻保持“早”发现问题的清醒，提升快速解决“小”问题的能力，找出应对“重点”问题的方案措施。

“抓早、抓小、抓重点”是国铁济南局在安全实践中得到充分验证的一套行之有效的工作方法，是深化安全风险管控和隐患排查治理双重预防机制建设的有力抓手。国铁济南局坚持既有的好思路和好做法不动摇，镜头不换、力度不减，对安全的普遍性、倾向性问题早分析、早发现、早处理，对涉及安全的各项工作不放过任何一个细节、任何一个环节、任何一个小事，善于抓主要矛盾和矛盾的主要方面，严防严控“惹祸砸锅”的事，牢牢掌握安全生产的主动权。

“变化就是风险”“隐患就是事故”。对于国铁济南局来说，把有效的安全措施和工作方法原原本本、不折不扣地落实落地，离不开“五个从严”和“四最”。

“五个从严”是济铁人抓安全的特有“气质”。坚持“严在干部、严在制度、严在标准、严在过程、严在考核”，常态化开展零点行动、周末行动、假日行动、专项行动，常态推进、动态保持“两纪一化”问题整治的高压态势，营造高标严管氛围，竖起全面从严的规矩，夯实安全管理基础。

“四最”是济铁人抓安全的固有“基调”。用“四最”守住红线底线，坚持以“最高的标准、最严的要求、最实的作风和最细的措施”抓安全，将“四最”体现到思想认识、安全目标和工作方法之中，贯穿高铁和客车安全管理、现场作业、应急处置的全过程。

在生产组织、现场作业、安全卡控等方面，国铁济南局全面推行“三按四化一实现”（“三按”就是按计划、按方案、按作业指导书；“四化”就是程序化、图表化、文明化、科技化；“一实现”就是实现安全质量的可追溯和闭环管理）。倡导精细、精准、精密的工作理念，对各项工作制定路线图，明确时间表，落实责任制，做到细化方案、明确目标、周密安排、闭环管理。加大工资分配与运输一线生产岗位、重点关键岗位的工效挂钩导向。常态化开展典型事迹宣传，进一步健全完善保安全正激励机制，加大防止事故的表彰力度，重奖发现重大安全隐患的行为，充分调动了全员保安全的积极性、主动性。

在国铁济南局，实干始终是引领安全发展的推动力。他们把安全管理摆在深入推进“改革创新年”建设的前沿，把提高创新力和执行力作为推动安全管理水平提升的主攻方向，在严管深抓上下功夫、求突破，加快技防硬件、软件建设，用新技术保安全、保质量，完善 PTM（人机料具）现场管理系统的研发、应用和推广，精准管控动车组运用维修的安全风险，提高安全卡控手段。他们全面推进运输调度信息化建设，提升调度指挥技术支撑能力。鼓励“百千万人才”“铁路工匠”“技能大师”和劳动模范“揭榜挂帅”，围绕安全生产突出问题，牵头开展课题研究攻关。鼓励基层单位开展小工装设备的自主改进和应用，激发职工自主创新的积极性。

全国人大代表、济南机务段化验室主任、高级工程师王娟研发的“便携式超声探头检测装置”组装简单，方便携带，能够准确快速地判断超声波探头的工作状态，极大提高了探伤效率，节约了维修成本。

兖州北站调车长邱龙潜心研究，不断改进，成功研制契合现场实际的特制防风镜，防风、防雨、防飞絮，有效保证了春夏之交调车安全。

为激发职工确保安全的工作热情，济南供电段将1%的工资总额用于创新单项的清算。供电段创新办公室每月对“金点子”和创新项目进行审核评定和积分认定，劳动人事科按月清算，及时奖励。广大职工聚焦解决现场一线难点问题，激发创新潜能，积极提建议、想办法，开展小发明、小创造、小攻关。

济南供电段充分发挥科技保安全作用。通过6C检测监测系统，有效分析诊断设备安全隐患，做到及时发现、及时整治。优化组织作业模式，采用检修列、作业车、多平台“1+2+1”编组作业，作业车、车梯“4+2”组合等作业方式，对接触网设备进行集中整治，提高作业“天窗”利用率，减少人员上道频率，实现设备和人身安全双保障。运用“单兵作业视频”，做到现场作业可视化，及时、有效纠正现场违章作业。在过冬防寒关键时期，为确保冬季作业安全，积极开展专项排查整治行动，着眼安全风险重灾区，聚焦外部环境整治、线索交叉互磨、轨旁设备、消防安全、交通安全等重点工作，加大排查整治力度，确保设备安全过冬。

在国铁济南局安全生产的主战场上，从来没有配角，人人都是主角。一个个“金点子”脱颖而出，一项项发明创造引人关注。济铁人心系安全，深挖潜能，创新创效，这些凝结着济铁人心血和智慧的创新举措被广泛应用于管理和现场工作，对提高设备质量、防控安全风险、助力节支降耗、提升工作效率发挥了显著作用。

在这一基础上，国铁济南局持续深化安全文化建设，他们以“政治引领优、安全理念优、安全制度优、安全行为优、安全环境优、安全品牌优、安全业绩优”

为主要标准，深入开展安全文化建设示范点创建，一批典型建设成果得以推广应用，为创新管理方法、筑牢安全基础、提升效率效益、推动高质量发展，拓展新思路，再添新动能。

文化的力量，无形而有质，温润而持久。国铁济南局从厚植文化根基入手，以理念文化凝聚人心，以制度文化规范行为，以家园文化激发干劲，用文化这只“看不见的手”推动着安全管理方式的创新，描绘出一幅上下同心、群策群力保安全的生动画面，为安全文化建设在基层一线落实、落地提供了实践样板。

济南工务机械段坚持“正道”文化引领。他们结合中华优秀传统文化和本段具体实际，将价值理念、行为准则、形象标识有机嵌入企业文化建设体系，形成了本段“理念正心、标准正行、管理守道、建家乐道”的特色文化。

他们利用安全警示室文化墙，通过古语今译的方式进行安全教育；利用宿营车，通过“四书”文化建设进一步强化干部职工的责任担当。以“正道”文化品牌为统领，他们在桑梓店焊轨车间“坚守正道，‘焊’卫安全”、线路大修二车间“正己守道，安全高效”、检修车间“正道·精修”、运转车间“把安全运到每一处”等车间文化的基础上，发动各车间积极参与，总结提炼形成车间文化理念，形成各具特色的“正道”文化子体系。他们常态化开展“三学一算”安全教育，以近期事故为案例，算好“六笔账”；以段部为试点，建立职场无线广播系统，定期播放安全制度、事故案例，将安全教育逐步扩展到存车基地和宿营车。制作安全“正道”漫画，将安全规章通过漫画形式展示给职工，以更加直观风趣的呈现形式，引导职工增强标准意识，确保生产安全稳定。他们还开展“安全内助走一线”活动，组织安全生产先进个人家属参观一线施工生产，让他们了解“大修”的工作性质，体验一线的艰苦劳动，增进对职工工作的理解。组织拍摄“家属安全嘱托”微视频、“写给一线的你”家书征集等系列活动，让职工说出“标准作业、安全回家”

的心里话，凝聚家庭合力，促进安全生产。“正道”文化让济南工务机械段的安全管理基础日益牢固。

济南车辆段聚焦“安全保稳定、管理上水平、职工得实惠”工作主线，持续推进安全文化建设。在该段文化墙上，“泉海·心修”安全文化品牌释义引人注目。“泉海”，体现了段所辖主要区域的地域特点，即济南、青岛、烟台三地被合称为“泉海”，象征“济辆人”喷薄涌动的向上精神和宽广胸怀……无论是段文化长廊，还是检修车间“产品卓越、品牌卓著、创新领先、治理现代”的外墙标语，都营造了浓浓的企业文化氛围。

他们创新安全宣传模式，实行差异化供给、精准化对接，创新运用视频、图文、动漫、沙画等展现方式，建立“泉海花”“泉海景”“泉海风”“泉海潮”“泉海山”“泉海树”“泉海钟”“泉海声”“泉海沙”——“一云九朵”泉海云融媒体宣传平台，全方位、多角度地展示铁路安全发展、科学发展、创新发展成果，营造了良好的宣传氛围。同时，结合该段特点，在全段范围内广泛征集具有济辆特色的道路名称，形成养浩路、泉源路、擎虹路等16条道路命名，强化职工对企业文化的理解，让“修车心系坐车人”的安全文化理念深入人心。

济南西机务段围绕建设“平安西机、和谐西机、美丽西机、智慧西机、强大西机、一流西机”的共同愿景，把“责任心是安全之魂、标准化是安全之本”贯穿管理过程，不断深化安全家园文化建设，促进安全生产稳定发展。

他们大力倡导“情聚安全同心、心聚安全同力、力聚安全同为”的安全文化理念，持续深化“安全生产算账对比大教育”，与职工算经济账、面子账、家庭账、幸福账、自由账，让职工明确个人与岗位的关系、安全与效益的关系，不断增强安全意识。他们强化“责任就是担当”的思想教育，组织梳理规章制度，完善作业指导书，实现管理有依据、作业有标准。他们每月对车间、车队、指导组进行综合排序，对检修整备作业人员实行“班班清”规定，持续开展“百安赛”“百台赛”，激励广大职工主动学标、严标、落标。

他们大力倡导“爱企如家、共建共享”，深入推进家园文化建设，做到“不让乘务员把压力带上车、不让乘务员把顾虑带上线、不让乘务员把包袱带回家”；组建24小时随时待命的“青工爱心服务队”，制作家属“亲情卡”，为乘务员解除后顾之忧，为家属提供爱心服务；围绕吃、住、洗、饮、行、健、乐，深化“三线”建设，改善职工生产生活环境，开展冬送温暖、夏送清凉、金秋助学、健康饮水等暖心工程。他们常态化开展机车乘务员家属保安全活动，巧用“贤内助”，把保安全的触角伸到每名乘务员的家庭，营造“一家人、一条心、一股劲”的良好氛围，筑牢安全生产第二道防线。

与此同时，国铁济南局坚持安全第一、突出质量效益、完善考评体系、强化过程管控，高效推动安全标准化规范化建设工作，以科学、严密、规范为目标，建立全覆盖的安全技术标准、专业标准、设备标准、作业标准、质量标准、考核标准等，跟进修废补建，实时动态优化，着力构建人防、物防、技防的“三位一体”安全保障体系。

执行标准关键在人，没有高素质的人才队伍，坚持高标准就成了一句空话。本着“干什么、学什么、会什么”的原则，全局各单位以岗位技能达标、提高应急处置能力为重点，用足、用好各种资源，广泛开展以教育培训、学技练功、技术比武、模拟演练为主要内容的学标、对标、达标活动，形成“时时讲标准、事事讲标准、人人讲标准”的鲜明导向。

在国铁济南局，“只有按标按章作业，才能保证安全；只要按标按章作业，就能保证安全”的理念已根植于济铁人的思想深处。这是规律，是总结，也是要求，更是济铁人行动上的自觉。

新征程上，济铁人正瞄准新的安全目标，增强实干这个“源动力”，始终以“实干”为笔，如履薄冰，闻鸡起舞，奋勇争先，不断铺就“安全发展”之路，将确保安全发展的主动权牢牢掌握在自己手中。

二、标准化是这样炼成的

标准是经济活动和社会发展的技术支撑，是国家基础性制度的重要方面。标准化在推进国家治理体系和治理能力现代化中发挥着基础性、引领性作用。

标准是标尺，是依据，是规矩，决定着质量和效果。没有严格的标准，什么事也干不好，它是管理规范化的基础，也是将实干精神落实到现实中的具体实践。

无疑，铁路标准化建设在保障铁路建设运营安全，提升工程建设、技术装备和服务质量，促进铁路科技创新和产业升级等方面发挥了重要支撑作用，必须用实干来落实标准，把标准的“环扣”卡得更准、卡得更有效果。

春秋时期，齐国的管仲为相时，就统一了齐国的钱币。这套钱币从制式到重量，再到文字，都高度统一，有其铸造标准，这种货币即是著名的“齐刀币”。标准化，早就被先人们重视。秦始皇统一六国后，推行“书同文，车同轨，量同衡，币同形”等政策，为大一统的国家巩固了基础。

如今，俯瞰齐鲁大地，“四纵四横”的普速铁路网成为齐鲁“新标点”，“两纵两横一环双核”高铁网交织循环，是新时代的标志性成果，犹如夜空中的标点星河，布满了日新月异的齐鲁大地，反映在齐鲁大地的各个领域。这些跳动着的“标点”，关联着每个人的日常；每个“标点”背后，都是铁路标准化体系在支撑。

标准化建设非一日之功。唯其艰难，才更显勇毅；唯其笃定，才弥足珍贵。国铁济南局面对时代的深刻变化，紧紧抓住和用好战略机遇期，聚精会神搞建设，一心一意谋发展。坚持以人为本的全面协调可持续发展，全面推进运输站段标准化建设，提出争创标准化建设不动摇，竭尽全力攀高峰，一定要在标准化建设中取得“全国铁路最好成绩”的创建目标。

“看似寻常最奇崛，成如容易却艰辛。”标准化建设既是不可见的，又

当代铁路“蜘蛛侠”：接触网维修作业（绘图 / 刘军延）

是寻常可见的，形成一套标准的过程，可不是一件简单的事儿。铁路人的标准化是深入骨髓的，说话要说专业用语，作业要用标准动作——举手投足，横平竖直，行动统一有标准，纸质材料同样要统一标准，半军事化管理模式成为铁路标准化的源头。

铁路标准化对很多人来说是陌生的，外行人看后也许会感到有些可笑。济铁人眼神专注，手势清晰，声音洪亮：“客车 K286 次一道停车，准备进路。”穿着统一铁路制服的他们，在外人眼里，就是在自言自语、手舞足蹈，但是这短短的一句，只是标准化作业中很小的一个内容。在铁路标准化建设中，一句专业用语，只是小得不能再小的一个部分。铁路唯标准方可安全畅通，唯标准方可做到正点无差，唯标准方可行之有效、上下联动。全国铁路一盘棋，牵一发而动全身，唯标准化作业执行到位，方可有效运转。

当然，几乎所有的标准化都要经历无数次验证与修正、建立与再补牢的艰难过程，标准化能不能在现实工作中经得起检验，标志着一个企业有没有能力走向更深、更广阔的空间，标志着这个企业是否能够在科技飞速发展的今天崭露头角，标志着这个企业是否具有正常、平稳、向前、发展的实力。标准化作业，是一个企业的核心力量。人们都在探讨为什么秦国能统一六国，除了他们强大的政治实力，先进的技术理论也是不可或缺的。

秦国对武器制作实行了高度的标准化，武器在战场上损坏后，将零件取下即可快速拼装。秦国武器中最精密的青铜弩机，是可以在任何弩弓上使用的，这个就有点像今天统一枪型的统一子弹了——子弹没了，换上弹夹即可；弹夹空了，塞满子弹即可。而且，秦国各种青铜器的铜锡配比都是严格按照某一标准配制的。如果武器损坏，那么回炉时不用另加铜或者锡，合金的成分比例是不变的，直接回炉锻造即可。至于书同文、车同轨、量同衡等，都是通过不断修正后形成的大一统的秦国标准。

运输站段标准化、规范化建设，是落实强基达标、规范基础管理、健全国铁企业治理体系、提升企业治理能力、不断推动管理上水平的有效载体和重要抓手。近年来，国铁济南局不断推进运输站段标准化建设，明确专业部门 9 个方面的主要职责，工务、电务、供电系统大力推进“5S”现场管理，以突出整理、整顿、清扫、清洁、素养五项管理要素为核心，狠抓职场环境和职工生产生活行为标准化、规范化，做到环境与设备管理定置有序，作业流程与安全意识管理规范可控，推进标准化、规范化站段建设。

他们坚持把完善制度、规范流程、考核激励作为落实运输站段标准化、规范化建设的持续动力和有力保障，制定《运输站段标准化规范化建设工作安排》，明确 6 个方面 18 项措施，成立机关部门、运输站段两个层级的工作专班，将考核评价指标逐级细化分解落实到科室和管理岗位。推进制度管理信息化建设，动态做好全局853项制度体系目录修废补建，涵盖安全管理、运输生产、财务审计、人力资源、物资管理、科技信息、法律事务、党建工作等16个板块。

他们将标准化、规范化建设考评结果纳入对运输站段的经营业绩考核，突出过程管控，注重建设效果。在40个车间开展示范车间创建工作，分系统召开标准化、规范化建设现场推进会，对35个站段标准化、规范化建设指标逐项分析，查找短板、督促提升。加强同系统单位间的交流互鉴，形成运输站段标准化、规范化建设成果共享，持续优化，共同提升的良性局面。

他们坚持“抓小、抓早、抓重点”的工作思路，制定作业指导书管理办法，制定落实安全红线和刚性约束条款，开展“两纪一化”专项整治，对发现隐患、防止事故人员重奖、快奖，仅2021年就累计奖励6.8万人次，共1376万元。

多年来，青岛车务段为锻炼作业人员执行标准化不变形，提升作业人员心理素质，将作业人员带到旅客众多的客运站，在候车大厅内进行模拟演练，接受旅客的点评与检验。站在人来人往的大厅里，作业人员要不断演练标准化作业程序。刚开始时，大家心里肯定发虚，面子上挂不住。但是，几个回合下来，作业人员的心理素质得到很大提高，作业程序更加熟练，标准化程度更加精准。他们站在宽大的候车室内，声音洪亮，字正腔圆，表达准确，执行到位。他们的声音响彻候车大厅，整齐的动作映照在光洁的地面之上，汗水滴在脚下，军人一样的仪容纹丝不变。他们的表现迎来了旅客的阵阵掌声。旅客的肯定给了他们很大鼓励，他们学标、练标、对标的热情更加高涨。他们实干、实练的劲头，也让广大旅客从侧面了解到济铁人的面貌。铁路人的实干与坚守，给旅客们留下了深刻的印象。同时，这个方法对于刚入路的年轻人更有作用。初出茅庐的小伙子们，在接受业务训练的同时，还要迎接八方旅客审视的目光。众目睽睽之下，他们从起初的羞涩到泰然自若，再到激情四射，这个心理历程只有亲历者才更清楚。

铁路标准化是方方面面的，可以说无处不在。标准化线路，也包括其中。那么，怎么打造出标准化线路呢？当然还得需要一群实干、肯干的人去严格落实标准化要求。

刘开波是聊城工务段郓城线路车间主任。听起来，这个职务是个管理职务，怎么说也是几十号人的领头人。但是，这个“管理人员”背后，有写不尽的不眠之夜的辛劳，有青丝变白发的执着，有实干苦干精神阐释的真情，还有心系标准不放松的严谨与苛刻。四年的军旅生涯，使他磨炼出坚强的意志和勇于担当的品格。转业后，刘开波在曹县线路领工区当上了一名线路工。他立足岗位，埋头苦干，逐渐练就了一身“硬核”本领，并成长为一名优秀的车间管理人员。

2020 年 3 月，刘开波到郓城线路车间担任车间主任。上任伊始，这位有着 25 年党龄、15 年一线工作经验的车间主任感受到了前所未有的压力。郓城线路车间处于京九线高速区段，线路情况复杂，作业量相对较大，车间人员分布也存在多种问题。

人的事好处理，“兵来将挡，水来土掩”，只要将一颗心摆正，秉持公正公平的原则，就不会出现大问题。但现场的情况就需要多用心思了。白天他到现场带班，一边积累数据，一边思考重点工作的安排。到了晚上，他便对现场作业进行总结、归纳和分析，工作轮廓逐渐清晰，一系列延长行车安全周期的工作方案在慢慢形成。同事们逐渐发现，这个新来的主任不简单，貌不惊人的背后，有着很强的计划性与长远的打算。

郓城站、梁山站的站场、专用线一般会被别人忽视，但是，越是容易被忽视的地方，就越是引起了他的注意。刘开波对这些容易被忽视的地段，坚持每月检查不少于两遍，对影响安全的隐患组织攻关，研究方案，及时要点整修，充分利用好“天窗”及“点外”（“点外”即列车运行间隔，没有列车运行的时间段）。经过一段时间的整修，这些容易被忽视的安全隐患被排除，作业标准得以维持，标准化线路实至名归。

“集中修”，这又是铁路专业用语。所谓的集中修，就是在一年当中，集中一段时间，每天都要按计划进行的维修作业。郓城车间首次承担大修列换枕施工作业，大伙都没有这方面的施工经验。大修列换枕，即利用铁路专用大型可移动设备进行铁路大修、更换轨枕。为保证各项施工顺利进行，刘开波在集中修前期做足功课，查阅了大量大修列换枕施工的资料，并向多家兄弟单位请教，一遍遍地优化施工方案，从严控重点环节抓起，从落实作业流程做起，把提高施工过程中的安全和质效作为重点，充分利用施工“天窗点”，使“黄金时间”资源利用最大化。

在作业安全方面，他小心再小心，谨慎再谨慎。他常对身边的工友说：“规章是‘护身符’，不是‘紧箍咒’，任何时候都不能省，省了就不会出现标准化作业，省了标准就会变形，标准就无从谈起。”

为了百分之百确保辖内线路质量达到标准化验收，这个山东汉子“膝下无黄金”——每次上道作业，他都要“跪拜”无数次。他双膝跪在钢轨上，双手扶在轨枕上，屁股撅着，头向前歪着，目光向远处凝望。这是无数个铁路人最为熟悉的动作。夏天轨温高达 60℃，刘开波也要趴在钢轨上查看轨平；冬天铁轨冰凉，寒风吹得他浑身上下没有一点热乎气，他仍坚持每天在线路上排查隐患。多年的“跪拜”，让他的膝盖磨出了一层厚厚的茧子，劳保鞋也不知磨破了多少双。

2021 年的春运是他来郓城线路车间后的首个春运，刘开波开启了他的春运“新模式”，提前 15 天进入“春运状态”。他充分利用春运前的有限“天窗”，组织车间干部职工对重点关键设备进行全面摸排，尤其对管内道岔、到发线、小曲线等薄弱地段，加强区间徒步检查。他还要每天密切关注天气情况，实时掌握严寒天气对线路设备的影响，结合生产任务计划统筹安排，调集车间骨干力量，组织实施“大兵团”作业，全面整治节前设备病害 80 多处，为确保春运线路设备安全奠定坚实基础。

真抓实干，收获殊荣。近年来，国铁济南局标准化建设初见成效，在全路首次进行的标杆站段评比中，全局 35 个站段中有 14 个站段被评为“全路标杆站段”。成绩与汗水永远都是交融在一起的。

2022 年 11 月 19 日，国铁济南局召开了标准化、规范化示范车间创建现场会。总结交流了一批标准化、规范化示范车间创建经验。整洁的站区、规范的制度规章、标准化的作业演示，充分展示了近年来基层站段标准化、规范化建设的成果，预示着国铁济南局标准化、规范化建设向纵深发展。

他们正以前进的姿态，不遗余力地推进铁路标准化建设，让标准化成为最高原则，让标准化推进管理水平不断攀升。

三、梦想照见未来

古人说:“事者，生于虑，成于务，失于傲。”伟大梦想不是等来的、喊来的，而是拼出来的、干出来的。

梦想是对未来的一种期望，梦想是一种让你感到坚持就能收获的东西，梦想甚至可以被视为信仰，梦想的实现离不开实干。

2019 年 2 月 20 日下午，习近平总书记在北京人民大会堂会见探月工程嫦娥四号任务参研参试人员代表，共同庆祝嫦娥四号任务圆满成功。习近平总书记指出，伟大事业都始于梦想，伟大事业都基于创新，伟大事业都成于实干。这三句话点出了事物发展的规律，伟大事业从发端到成功，必然要经历梦想—创新—实干的“三部曲”。嫦娥四号飞天任务之所以成功，是因为遵循了这个“三部曲”，任何一个奋斗目标的实现，也必然会体现这个“三部曲”。

作为国铁企业，国铁济南局设立了自己的梦想:争创“六个一流”、建设“五个新济铁”，打造千亿级企业，迈入现代化铁路运输企业，勇当推进中国式现代化建设的“火车头”。

争创“六个一流”是争创安全水平一流、效率效益一流、设备质量一流、队伍素质一流、管理服务一流、党建工作一流，涵盖了企业各个方面的重点工作任务，提出了“当排头、争一流”的奋斗目标。

建设“五个新济铁”是建设安全、高效、智慧、文化、美丽的新济铁，从顶层为国铁济南局谋划了未来发展的方向。

这是国铁济南局立下的庄严承诺，也是一代一代济铁人为之奋斗的梦想、新时代国铁济南局为之奋斗的梦想。现在，他们正以百倍、千倍的努力和奋斗，实现梦想，照见未来。

下面，我们就以一位普通的济铁人——孟照林的故事为例，看济铁人是怎样在追求理想、实现抱负的道路上拼搏奋斗的。

孟照林出生于青岛市黄岛区铁橛山下的一个小村庄，身为家中的长子，父母对他寄予厚望，他自己也明白肩上的担子之重。通过自己的努力，他考取了济南铁路机械学校，一家人省吃俭用供他读了四年中专。他毕业后被分配在黄岛站，成了端“铁饭碗”的铁路工人。这在 20 世纪 90 年代的乡村，是一件十分光荣的事情，一家人的脸上洋溢着幸福和希望的光芒。

然而当年的黄岛站，只有两栋楼房和几处平房坐落在纵横交错的铁轨旁，铁轨上是一节一节首尾相连的黑铁车皮，站区周围有一片一片的空地，坑坑洼洼，长满野草，放眼望去，人烟稀少，离他最近的那栋办公楼前还有一个建楼时遗留的大坑。没想到，他将要工作的地方竟然这么荒凉！孟照林的心里有说不出的失落。

但很快他就进入状态。按企业规定，孟照林先被安排在黄岛站的各种岗位上见习。见习一圈下来，各工种、各岗位他都已很快上手。见习期满后，孟照林就被分配在站调度中心担任车号员，见习期满半年后就能进入调度中心任职。在黄岛站，孟照林是第一个。“做最好的调度员，成为运输组织的行家里手”成了孟照林的第一个奋斗目标。同时，他把“非学无以广才，非志无以成学”当成自己的QQ个性签名。从此，他以站为家，随身携带“技规”“行规”“安规”等红皮规章制度本，努力学习业务知识。学有余力的他又报名自学山东大学法律系的专科和本科课程。于是，黄岛站职工宿舍、青岛科技大学的阶梯教室、黄岛区国家图书馆、青岛理工大学的操场上，都留下了孟照林学习的身影。他经常利用大休时间跟随站场调车组到现场观摩学习，熟悉现场设备运行和作业情况，默画车站各车场专用轨道和专用线的线路图，100多条线路的有效长和容车数他都熟记于心。

功夫不负有心人，孟照林在2005年获得济南铁路局“一级技术能手”称号，2007年再摘铁道部技术能手桂冠，获得“全路技术能手”称号。2009年，他被聘为高级工人技师，同年被提拔为黄岛站调度室值班站长。他的第一个目标实现了。

黄岛站建站之初，主要运输任务以煤炭到达为主。随着祖国的经济发展进入快车道，黄岛站的矿石、油品、小汽车等大宗货物发送量激增，前湾港口货物吞吐量不断增长，站场设备运输能力急需提高，黄岛站的运能矛盾日益突出，成为制约铁路运输增量创效的瓶颈。为了打破这一瓶颈，孟照林创造性地提出了“加强站港联系，突出装卸组织，避免交叉干扰，挖掘运输潜能”的“二十四字工作法”。此工作法解决了前湾港口货物吞吐量不断增长与黄岛站运能不足的矛盾，显著提高了车站运能，为车站行车组织工作做出了不可磨灭的贡献。因此，孟照林被中华铁路总工会授予“火车头奖章”，被山东省政府授予“首席技师”的荣誉称号。

2019年初，董家口南站开通在即，这个新建的货运重站面临种种困境：地处偏远、交通不便、条件艰苦。除此之外，董家口南站还面临更深层的困境：场地新、人员新、设备新。万事开头难，这个硬骨头需要一个业务能力强、组织能力强、创新能力强、有领导力的人前去打开局面。

“照林，董家口南站急需一个带头人，这可是一个充分发挥你才能与专

“黑金”滚滚来：董家口站繁忙的煤炭装车运输（绘图 / 解世媛）

长的好机会，组织上想推荐你去，征求你的意见，你是什么想法？”这是领导找孟照林谈话时说的一段话。

2019年的黄岛站，站场旁的迎春树开出了黄色的小花，装卸场上的机械设备忙忙碌碌，调车机牵引着装满货物的列车进进出出，火车南来北往，装车卸车、进站出站井然有序，一派繁荣的景象。孟照林站在办公室的窗前，遥望着远方。

孟照林20年来已经把根扎在这里。这里的每一个车场、每一条专用铁道和专用线、每一台调车机、每一座装车楼和每一个道岔他已熟记于胸，一种难舍之情在心底泛滥。更何况他深知去董家口南站意味着什么，将会遇到什么样的难题。离开黄岛站，意味着他要离开熟悉的环境、熟悉的客户、熟悉的业务，离开自己的舒适区。还有一个难题，董家口南站地处偏远，交通不便，去那儿意味着要抛下家。儿子刚 5 个月大，一时一刻也离不了人，闺女面临着小升初，为人父母谁不知道考上一个好中学对孩子意味着什么，岳父母年事已高……整个家庭的担子要撂在妻子一个人的肩膀上。

可是，想到入路二十余年来单位党组织对自己的培养，所谓“养兵千日，用兵一时”，自己勤学业务，苦练技能，锐意创新，不就是为了有一天能够挑起更重的担子吗？

2019 年 4 月 6 日，孟照林走上了董家口南站副站长的岗位，负责调车和货运工作。尽管对董家口南站的状况做足了思想准备，但初见董家口南站的时候，孟照林还是被眼见的景象震惊了。

这哪里是车站啊，分明是一片荒凉的沼泽地。除了空旷的编组场和三五栋相距遥远的小楼，周边全是半人高的蒿草、野芦苇荡，根本没有路。几条被车轮压出来的坑坑洼洼的土路掩盖在草丛里，下过雨的地面一片泥泞，步行十分困难，一脚踩下去，鞋上、腿上都是泥浆。时值春寒料峭，荒草里开始冒出隐隐的绿芽，行走在沼泽里，有时会突然被惊飞的野鸟或跑出的野兔子吓一跳。

这一下让他想起二十多年前自己初到黄岛站时的情景。二十年间，黄岛站随着国家的繁荣而繁荣，站区周围高楼如春笋般拔地而起，集装箱叠放成山，显现出车水马龙的繁华景象……想到这，孟照林心中升起开荒拓土的蓬勃勇气，燃起了建设董家口南站的信心和希望。

当第一笔业务办理完毕，孟照林意识到，交通不便、环境差不是董家口南站的根本问题。董家口南站最根本的问题是运输效率太低。这是由场地新、人员新、设备新造成的。于是，他带领职工每天步行 10 多公里，摸清了每条线路的地形特点、设备数量等情况，对车站装卸、调车、货检、车检等工作流程进行分类梳理，讨论、研究制订出最科学的调车作业计划，解决了场地新的难题。随后，孟照林多次登门同港方人员协调对接，与亟待提升装卸作业人员操作水平的港方人员一拍即合。由孟照林主导，针对港口工人没有铁路装车经验的问题开办培训班，解决了人员新、设备新的难题。整个车站装车运输组织能力迅速提高，装车楼的装车效率由最初的 13 小时一列，提升至 2 小时一列；日均装车量由原来的 129 车，飙升到 1000 车左右。

但随着董家口南站运力的飞速提升，又遇到了货源严重不足的困难。“增运上量的关键是货源。我们要全员营销，不等不靠，走出去。”他们积极宣传推介铁路运输业务，让货主们了解铁路运输，信任铁路运输，主动把货源转过来。2019 年 8 月 10 日，因为强台风“利奇马”影响，寿光巨能钢铁的矿石原材料不能按期到达，孟照林提出“从董家口港调配库存铁矿石，由铁路运输直达工厂”的方案，不仅解决了寿光巨能钢铁的燃眉之急，更重要的是与其建立起了长远的业务联系。寿光钢铁由董家口南站的“头回客”变成了“回头客”，已通过铁路累计运输了 200 多万吨铁矿石。

这件事情的美誉度辐射出去，很快就传到了大大小小的客户耳朵里，迅速提高了铁路运输的影响力。很多本来持观望态度的客户开始主动联系董家口货运，纷纷前来洽谈业务。

为了积极宣传推介铁路运输业务，让货主们了解铁路运输、信任铁路运输，主动把货源转过来，2019 年秋冬，孟照林先后 5 次带队远赴河南、河北、山西、甘肃等地，一家一家登门拜访客户。他们上门开展营销，宣传铁路运输的优势，讲服务、比价格，和企业一起算大账、看长远，以最大的诚意给出铁路运输方案，让企业相信铁路运输优质可靠，从而选择铁路运输。

一分耕耘，一分收获。2019 年，董家口南站开站第一年，发送货物 923 万吨，超计划 173 万多吨，运输收入完成 8.21 亿元，超计划 2.37 亿元。“心中有货源，满眼都是钱；港口无货源，车皮再多也枉然。”他们急客户所急，全心全意为客户着想的服务态度，不断为董家口南站拓展货源，吸引来新客户。他们用铁路效率和贴心服务，把一批又一批“头回客”变成了彼此信任、合作融洽的“回头客”。一时间，董家口港的货物运输纷纷加入“公转铁”的队伍，实现了车站增运上量的目标，为打赢“蓝天保卫战”做出了不可磨灭的贡献。

2020年，董家口南站完成货物发送近1900万吨，较2019年的923万吨翻了一番，实现运输收入14亿元，同比2019年的收入8.21亿元也有了大幅的增长。复工复产时期，董家口南站加急发送急需物资1000多万吨，为50多家企业解了原材料紧缺的燃眉之急。

“没有做不到的，只有想不到的。”这些年，孟照林提出的“金点子”，一个个都变成了实实在在的真金白银，为车站增收创效立下了汗马功劳。

这一年，孟照林被评选为“最美铁路人”，荣幸亮相央视特别节目。“最美铁路人”这一荣誉，在全国铁路系统每年只有十几个人能够获得。

2021年，因工作业绩突出，孟照林被授予“全国五一劳动奖章”，并被青岛车务段选拔升任营销物流部部长。

1998年参加工作，从一名普通的铁路职工到中层管理干部，孟照林的个人成长史印证了黄岛站二十年间的繁荣发展，也引领了董家口南站的蓬勃向上与突飞猛进，更见证了山东铁路、中国铁路的发展与壮大。他在实现个人理想与追求的同时，为我国实现铁路梦想奉献了自己的一份力量。

济南工务机械段检修车间检修三工队队长赵军有一个让外人看起来颇为“理想化”的目标——让高铁跑得更平稳。有的人嘲笑他“小鸟总想当老鹰”，而他不畏嘲讽，用自己的行动实现了这个梦想。

TQI值是铁路线路轨道质量指数，数值越低代表轨道平顺度的越高，是衡量铁路建设质量和轨道维修作业质量的重要指标之一，直接关系到列车运行平顺度、旅客乘车舒适度。以高铁有砟轨道为例，TQI值低于2.5才算平顺。创新线路捣固工艺，精准解决高铁有砟线路施工作业后TQI值偏高的问题，是进一步提高高铁线路平顺度的关键。

2018年，济南工务机械段DCL-32型捣固车在济青高铁工程线、青盐铁路工程线作业中，出现线路 TQI 值偏高问题。这让赵军非常着急：“原本优化线路质量的大机捣固作业，反而给高铁有砟线路平顺度拖了后腿，这怎么行！”

赵军是钻研难题的“急性子”，他马上带着问题返回车间进行调研攻关。该段成立了高铁有砟轨道大机捣固线路质量攻关小组，7 名组员均来自检修车间调试工队、现场一线机组等关键技术岗位。先进的测量设备、丰富的知识储备向攻关小组集中，大伙儿围绕大机捣固作业后有砟线路质量变化，迅速分头开展观测、分析、调试、改进。

DCL-32 型捣固车是我国生产的具有世界先进水平的线路捣固机械，由主机匀速前进带领作业小车以钢轨为导向开展步进式捣固作业。为了弄清 TQI 值偏高的根本原因，攻关小组兵分两路：一组跟随捣固车作业，观察现场情况；一组夜以继日地守在车间里反复试验测量设备和不同测量方法，在复杂的因素组合中寻找答案。攻关小组结合不同区段线路特征，分析 TQI 值构成要素，分别针对轨距、水平、轨向、三角坑等关键项点重点观测，现场分析。

没有现成的实验装置，攻关小组就购买小部件，小改小革、自主加工。他们通过对捣固车起道、拨道、捣固系统进行深入分析，创新采用三点标定法标定横平电子摆，提高线路水平精度。然后利用连通器原理，自主设计制作了专业测量器具，实现了纵向超平系统的精确标定。经过一年多的持续测试改进，DCL-32 型捣固车作业后 TQI 值有所降低，线路水平精度有了一定幅度的提高。

但赵军发现，虽然 TQI 数值小幅降低，但问题却没得到根本解决。为了突破技术瓶颈，他们再一次展开技术攻关，通过互联网大量查找资料，联系设备厂家，开展远程视频学习探讨，获取技术支持。他们还利用集中修施工机会，连续两个月跟车作业，了解捣固作业改进效果与低 TQI 值之间的差距根源。

攻关小组不懈钻研，打破“观测—分析—改进—再观测”的改良式循环模式，根据 DCL-32 型捣固车原厂测量机具的性能参数和尺寸，重新设计专门用于高铁有砟轨道捣固作业的捣固车测量系统精度调试工装设备。

经过数月试制优化，这个段制作的改进型精度调试工装设备成功装车。攻关小组借助这一装置，结合此前制定的工艺改进措施，能够精确定位捣固车拨道弦线的中心位置、各传感器的机械零点位置，做到机械零点和电气零点重合，精准控制捣固头下插深度和作业中的轨道方向测量精度，实现精准拨道、精准捣固，两条钢轨下道砟均匀分布。

经过后期现场施工测试，使用这一工装设备捣固作业后，高铁有砟轨道 TQI 平均值降至 2.2，已接近无砟轨道 TQI 值标准，线路质量大幅提升。随着此项创新技术成功应用，大机重复作业里程大幅减少，设备、人工和时间成本大大降低，高铁列车运行更有保障。这一整套调试方法和自研工装设备，也获得国铁济南局 2021 年科技创新成果一等奖。

一个有希望的民族不能没有英雄，一个有前途的国家不能没有先锋。今日之中国，不仅建成了世界上最现代化的铁路网和最发达的高铁网，也成为世界上高铁运营里程最长、在建规模最大、高速列车运行数量最多、商业运营速度最高、高铁技术体系最全的国家。一路走来，正是以“最美铁路人”为代表的奋斗者们在交通强国、铁路先行的征程上争做追梦人、实干者，才凝聚起推动铁路事业高质量发展的磅礴力量。

四、干事业需要自我超越

可能有的人认为实干就是傻干，就是执拗，就是认死理儿。这是对实干的曲解。实干，首先基于会干，还要会巧干，在勤奋的同时加上自我超越。“汗水 + 智慧”，是实干的本质内涵。

意大利科学家伽利略被誉为“观测天文学之父”“现代物理学之父”“科

学方法之父”及“现代科学之父”。他的一系列尊荣之称，不是来自天生，也不是来自吹捧，而是来自勤奋，来自他对科学研究的严谨态度，来自无数次科学实验，他是一位实干家。

伽利略，1564年生于意大利的比萨城，17岁那一年考进了比萨大学。在大学里，伽利略不仅努力学习，而且喜欢向老师提出问题。哪怕是人们司空见惯、习以为常的一些现象，他也要打破砂锅问到底，弄个一清二楚。有一次，他站在比萨的天主教堂里，眼睛盯着天花板，一动也不动。他在干什么呢？原来，他用右手按左手的脉搏，同时看着天花板上来回摇摆的灯。他发现，这灯虽然摆动幅度越来越弱，以至每一次摆动的距离渐渐缩短，但是，每一次摇摆需要的时间却是一样的。于是，伽利略做了一个适当长度的摆锤，测量了脉搏的速度和均匀度。从这里，他找到了“摆”的规律。钟就是根据他发现的这个规律制造出来的。

哥白尼是波兰杰出的天文学家，他经过几十年的天文观测，提出了“日心说”的理论。他认为宇宙的中心是太阳，而不是地球；地球是一个普通的行星，它在自转的同时还环绕太阳公转。伽利略很早就相信哥白尼的“日心说”。1608年6月的一天，伽利略找来一段空管子，一头嵌了一片凸透镜，另一头嵌了一片凹透镜，做成了世界上第一个小天文望远镜。实验证明，它可以把原来的物体放大3倍。伽利略没有满足，他进一步改进，又做了一个。他带着这个望远镜跑到海边，只见茫茫大海波涛翻滚，看不见一条船。可是，当他拿起望远镜再往远处看时，能看到一条船正从远处向岸边驶来。实践证明，它可以将物体的影像放大8倍。伽利略不断地改进和制造着，最后，他的望远镜可以将原物的影像放大32倍。

每天晚上，伽利略都用自己的望远镜观看月亮。他看到了月亮上的高山、深谷，还有火山的裂痕。后来，他又开始观看太空，探索宇宙的奥秘。他发现，银河是由许多小星星汇集而成的。他还发现，太阳里面有黑斑，这些黑斑的位置在不断地变化。因此他断定，太阳本身也在自转。伽利略埋头观察，以无可辩驳的事实，证明地球在围着太阳转，而太阳不过是一个普通的恒星，从而证明了哥白尼学说的正确。1610 年，伽利略出版了著名的《星空使者》。人们佩服地说："哥伦布发现了新大陆，伽利略发现了新宇宙。"

伽利略的故事旨在告诉世人，人生就像马拉松，需要不断奔跑，不断前进；人生又像攀登高山，需要不断向上攀爬。干事业需要不断超越别人，也需要不断超越自己，只有这样才可以成就自己的梦想，造福人类。

新时代的济铁人，就具有在实干道路上不断超越自己的精神。虽然无法同伽利略相提并论，但他们在自己的小天地里、在平凡的岗位上，不屈不挠，勇于探索，攀登高峰。

在国铁济南局济南供电段有一位出了名"爱折腾"的人，他就是济南检测车间检测工区工长张浩杰。张浩杰说："我只有一个愿望，就是不停地把一个个的梦想变成现实。"从一名普通接触网工，到今天的集团公司首席技师、集团公司劳动模范、"火车头"奖章获得者，他一路走来，靠的就是孜孜以求，不断挑战自我，不断战胜自我，把自己的人生定位在超越一个又一个的梦想之上。

1976 年 3 月，张浩杰出生在聊城市东昌府区顾官屯镇大柳张村。他的父亲是村里的一名小学教师，父亲在修理日常用具的时候就常常引导张浩杰，教育他多动手勤钻研。慢慢地，张浩杰不仅能熟练地修理家里的各种器具，甚至能改进得比原来更牢固。他 12 岁时，家里买了一台黑白电视机，那时的电视信号全靠一个信号接收器绑在竹竿的顶部高高架起，信号不好的时候就需要像扫雷一般摸索着拧转竹竿寻找信号，很是麻烦。为了解决这个问题，张浩杰开始了他人生的第一次"科学创新"。他用锄头在庭院里挖了一个约 50 厘米深的圆坑，埋进一段钢管。接着，他找来一块硬纸板，在纸板中间掏出一个洞套在钢管上，再用铅笔在洞四周画出一圈刻度线，最后在竹竿上划出一条明显的竖条划痕后将其插进钢管里。张浩杰一边转动电视按钮一边旋转竹竿，当电视出现一个清晰画面时，他就在竹竿划痕对应的硬纸板上的刻度线上标注一个数字。父亲对他的发明大加赞赏。童年的经历让创新精神在他心中生根发芽。

2009 年是山东铁路电气化改革元年，“接触网工”这个名称第一次传入了张浩杰的耳中。他对陌生的新技术有着天然的向往，于是他第一时间向单位提出转岗申请，成为国铁济南局第一批接触网工。由于当时山东铁路电气化正处于空白阶段，一切工作都需要严谨地摸索开展。他为了尽快熟悉和掌握接触网设备性能和运行知识，自费购买了《接触网验收标准》和《接触网设计规范》等书籍进行学习、研究。白天他在工区仔细记下每种材料、工具的样子，晚上就拿出书本一一对照研究，并在笔记本上认真记下每种材料、工具的用途和使用方法。几本书看完，他已经有 6 大本笔记本了。当大家都处于从“零”开始学习的阶段，摸索怎样干的时候，他已经成为班组里的“专家”。同事们有不懂的地方都会来问他，他也经常带领同事们一起学习新的接触网知识。在第二年的接触网安全等级考试中，张浩杰第一批拿到四级《接触网工证书》，成为一名名副其实的电化技术蓝领工人。此后不久，班组技术员任命书也递到了他的手中。经过工作的打磨，钻研精神已经深深地刻在了他的骨子里。

成为班组技术员后的张浩杰，工作的内容有了很大变化，这也对他的成长提出了新的要求。正如他自己所说：“人无我有的时候，是学习的最好时期；当人人都有，你要想做得更好，那只能靠数据和细节说话了。”平时他接触最多的要数接触网工区工作中最烦琐也最严谨的工作票。因为工作票需要填写的内容很多，所以对填写者的要求很高。每一张填写的内容、字数甚至标点符号都必须一致，不能有任何一点偏差。因为一个字之差可能导致很大的安全问题，稍有错误就必须全部重写。为了更深入地了解现场情况，加深对图纸的熟悉，张浩杰上班的时候利用步行巡视，沿线路边走边记，下班后拿着图纸骑着车顺线路边看边对。最后，他用了50个日夜，完成了对班组管辖内的1733根支柱、148处线岔、34架分段绝缘器、2处电分相等关键设备图纸的核对。

2013年济南供电段全面质量管理优秀成果发表中，张浩杰的“接触网第一种工作票模块化”项目获得了一等奖。同年张浩杰也获得了全局接触网工职业技能竞赛第一名。2014年张浩杰被授予“全路技术能手”、济南供电段“首席技师”等称号。他继续优化改良工作票模块，编制了接触网工作票打印小程序，在2015年全面质量管理成果发表中，“接触网工作票打印小程序”课题获得国铁济南局二等奖。

2016年，张浩杰被聘为济南供电段“接触网讲师”，他先后与17名新职人员签订了师徒合同，参与培训430余名接触网学员，因培训工作成绩突出，被济南供电段评为“品牌技术讲师”。同年，他又被评为国铁济南局“1231”骨干人才工程优秀专业人才。

虽然已经获得了傲人的成绩，但张浩杰没有停止打磨自己的本领，而是向着更高的目标进发。2017年7月，济南供电段接触悬挂状态检测监测装置（简称4C检测装置）首次投入普速线路使用，这是济南供电段正式迈向“运、检、修”新模式的第一步。济南供电段相继成立了供电检测分析室、检测车间，抽调全段精英力量打造技术团队。时任检测工区副工长的张浩杰，就是这个团队中的技术骨干。数年来，张浩杰与同事们先后完成了4C检测车车顶相机改造，创造了“刻度对焦工作法”，使相机的角度和参数逐渐达到了普速铁路的要求，数据采集优良率由50%提高到90%以上，实现了4C高铁检测车在全局普速接触网线路上首次可靠运用。

以往的济南供电段管内京九线接触网全线检测，需要6个工区同时作业，每工区需10人以上参与，180个“天窗点”，总耗时360多个小时，工作量巨大。

现在，利用4C检测车，只需要4个司机、5个检测人员，4小时内便能检测完毕。接触网检测的工作效率和准确率大幅提高，使济南供电段真正实现了周期性维修向“精准修”运行模式的转变！

在张浩杰的人生旅途中，这无疑是一个高点，然而他没有停下探索的脚步，又开始追求自己新的目标。

对接触网拉出值的检测误差，段上的技术要求是检测车的检测数据在检测效率提升的前提下，精确度控制在20毫米以内为宜。为使监测数据更准确，张浩杰对自己提出更高的要求，将误差保证在10毫米以内。从20毫米提高到10毫米，并不是件容易的事情。检测车用激光测量拉出值需在检测车运行中进行，钢轨平整度、外轨超高和风速等外界因素都会影响检测的精准度，要想实现这个目标，需配合厂家不断进行参数调整，并以准确的人工测量结

一线党员突击队开展技术攻关（绘图 / 刘军延）

果作为参考。为此，张浩杰利用平邑至地方站区间“天窗点”，徒步 11 公里，对每一个检测点进行反复测量，核准基础数据。最终，通过检测车运行 21 天，710 公里的联调联试，他将误差缩小在 10 毫米以内，有的甚至最小达到 5 毫米左右。将误差从 20 毫米缩小到 10 毫米，是张浩杰自己的标准，没有任何人要求他这样干，就如他自己所说：“我就是喜欢不停地折腾。”

还有一位与张浩杰一样爱钻研发明的铁路职工，他就是黄尊威，同事都说他有绝活。

年仅 28 岁的黄尊威，是济南车辆段一名普速旅客列车检车员。参加工作 6 年间，他两次参加“全路机辆系统职业技能竞赛”，第二次就摘得客车检车员专业项目的桂冠。在科技飞速发展的年代，他的工作却是用一把锤子在火车轮子上敲敲听听，在“一敲一听”间查找隐患、排除故障，把旅客们安全护送回家。就是凭借这“一敲一听”的本领，让他成为同龄人中的佼佼者。

黄尊威是库检车间检车乙班的工长，正常情况下，一个班作业下来，检查 8 列、70 辆客车，要行走 20 公里以上。几年的勤学苦练，使他练出了一手“听声辨伤”的绝活儿。

为了迅速提升业务技能，他从《客车检车员》这本书开始学习。他拿着书，蹲到地沟里对照车辆学。很快，在师父的精心指导下，黄尊威的理论和实作能力不断提升，并自创一套“三点一线”检车法，即眼睛、锤子、手电连成一线，手电照到哪儿、眼看到哪儿、锤子敲到哪儿。

2019 年，参加工作仅 3 年的他一举夺得“国铁济南局运用客车职业技能竞赛”第一名，并代表国铁济南局参加全国铁路技术比武，可结果并不如意，他只取得了 27 名。回到单位以后，他认真总结教训，一有时间就不断地翻看规章和业务书籍，每次休班时都要到车下练习。当时穿的劳保鞋，别人都是一年一双，而他 3 个月就得换一双。

2021 年，黄尊威再次获得代表国铁济南局参加“全路机辆系统客车职业技能竞赛”的资格。培训期间，他把每一次小测试当作实战对待，学累了就去练习实作，练累了就去学理论。这一练就是3个月。

经过激烈角逐，黄尊威技压群雄，以实作满分的成绩夺得“全路机辆系统职业技能竞赛”客车检车员专业项目第一名，并获得一万元嘉奖。每个舞台都有属于自己的精彩。不论什么岗位，从事什么工作，只要全身心投入，肯定会有所收获。

现在，黄尊威不仅把所学经验传授给身边的职工，还把目光瞄准了技术创新，力争短时间内尽快研发出“车辆制动狭小空间检修专用工具”，解决更多的生产难题。

在中国铁路飞速发展的美好时代，还有太多值得我们自豪和骄傲的点点滴滴。比如说火车上那有规律的“咣当咣当”声，曾是国人坐火车最熟悉的声音，这种单调而有节奏的声音留存在很多人的记忆里。现在，车轮与铁轨间“咣当咣当”的声响已很少在耳畔响起，坐在车厢里也不再像以前那样晃荡。这得益于什么？坐高铁稳到不再晕车的秘密又在哪里？

前段时间，一则《中国高铁咋这么稳？因为中国高铁总设计师晕车》的消息曾“刷屏”微信朋友圈，众多网友表示“感谢研发团队的努力”，“被逗萌设计师圈粉，为高铁设计师点赞”。其实，除了设计层面，高铁轨道里也藏着“硬币屹立8分钟不倒”的秘密。

在国铁济南局桑梓店焊轨基地，你会看到一番“别有洞天”的景象：纤尘不染的智能化车间里，数十台状若“机械手臂”的工业机器人正在生产线上忙碌着。这“机械手臂”的操作对象，就是无缝钢轨。

过去，线路上的钢轨是通过专用夹板连接起来的。铁道线每25米一个接头，每段铁轨的焊接口之间会留有几十毫米的空隙，列车行驶压过两节钢轨连接处的缝隙会发出“咣当”声。而现在高速铁路使用无缝钢轨，将钢轨与道岔直接焊接在一起，穿越沿线车站区间，这就实现一根钢轨的无缝连接，零接头保证了线路的平顺性，列车的“咣当”声自然就消失了。

焊轨基地的工作就是将一根根100米长的钢轨，焊接连成一根根500米长的无缝钢轨，提供给高铁建设现场。时速160公里、200公里、300公里，不同列车运行速度所要求的钢轨材质不同，焊接工艺参数也不同。陈海田是桑梓店焊轨基地的工艺参数负责人，他和技术骨干负责新型钢轨试焊，钢轨试焊要经过粗打磨、除锈、焊接、精调、落锤、探伤等16道工序，钢轨接头处最高温度达1400℃，两根钢轨在高温下迅速挤压，融为一根。

焊后的无缝钢轨接头平直度控制在每米0.1—0.3毫米内，只有5根头发丝那么细。钢轨接头还要落锤检验，即1吨重的铁锤被吊至半空中，自由落体砸向试焊接头，焊头若能经受得住1吨重的铁锤自由落体捶打，在5.2米的高度一锤不断，或在3.1米的高度两锤不断，则质量过关。焊接后的每根长轨还要接受“长轨医生”的探伤检测，保证内部没有裂纹、灰斑等焊接缺陷后，才能给予“健康证明”，准许出厂。

在焊轨基地，有一位把精益求精精神发挥到极致的传奇人物——她就是有着“女汉子”之称的焊轨车间副主任周华。她和同事们制定出了一套远高于国家规定的检验内控标准——将焊接内部缺陷“灰斑”的面积由国标10平方毫米以内，提升至必须小于8平方毫米以内；落锤试验中1000公斤重的锤头，从3.2米处自由落体砸向钢轨接头，合格标准由砸两次不断，提升至砸四次不断。同时，她们为每一节钢轨编制了“身份证号”，出了问题可以往前追溯。如焊头出厂前，焊头旁会烙下“062F22042304”这类编号，“06”代表国铁济南局，“2”表示2号生产线，“F”表示班组，“220423”表示2022年4月23日，“04”表示第4个头。凭此编码，可追溯该焊头是谁焊接的、焊接参数是多少以及探伤情况如何，焊轨师对焊头终身负责。仅周华她们焊接的焊头就超过1.2万个，未发生过一起断轨事故。

冰凉的钢轨经过高温熔化，被精密地连接在一起。周华和她的同事们用一双双实干、求精的手，创造了济铁人的价值，铸就了中国高铁的辉煌。当乘客们享受着高铁列车的快捷和舒适时，默默奉献的钢轨焊接工匠将永远被时代铭记。

张浩杰、黄尊威、周华与千千万万个一线铁路职工一样，把职业当事业，把铁路“大动脉”的畅通与自己的人生理想融为一体，不断超越自我、攀登高峰，创造出一个又一个成果，为高铁的飞速发展打下了坚实的基础。

五、实干能成专家

实干兴邦，空谈误国。

欧阳修所写的《卖油翁》中讲，宋真宗时有个名叫陈尧咨的人，也就是肃公，这个人好射箭。陈尧咨考进士的时候考了个第一名，后来当了进士的监考官，帮助朋友作弊。皇上知道了，就贬了他的官。可能就是这个时候，他在家闲着没事，就跑到自家的草场上练射箭。陈尧咨的箭法不孬，很是自得，心想：“我考试考第一，还是个书法家，射箭也牛，哪样不行？哼！”

草场边上站着一个挑着扁担卖油的老头，怀里抱着扁担，斜着眼睛看了许久。最后，卖油的老头看到陈尧咨射出去十支箭，中了八九支，才微微点头，那意思是射得还行，马马虎虎过得去。陈尧咨放下手里的箭，有点倨傲地问：“怎么，你也会射箭？我射得不行？”

老头本来挑起扁担要走，但听到陈尧咨的问话，不敢不答，心想，再怎么说人家也是个官，就算被贬了，也不能不搭理人家，于是粗声粗气地回道：“也就那么回事儿，谁练练也能比你射得好。”陈尧咨一听，有点恼火，认为老头傲慢，胆敢如此轻视自己。

老头放下油桶，在地上放上一个小小的油葫芦，再在葫芦嘴上再放上一枚铜钱。他用提子提了一勺油，提子只是轻轻一歪，就见那油丝好像长了眼睛一样，“滋”地钻进钱孔里，一滴不洒，沥完了油，铜钱上竟不粘半星油！

老头合着眼皮，道：“我这功夫也没啥，不过是手熟罢了。”

如此简单的一个小故事，让欧阳修写得趣味十足，读者可以从中悟出一个道理：实干苦练、持之以恒，就熟能生巧。

提起“实干”，人们大概还会想起“老实巴交”这个词，但在当今时代，“老实巴交”有了更为丰富的内涵。干一行、爱一行、精一行，是高度的责任感，是实干的追求。对工作充满激情，不仅是一种责任，还是一种乐趣，更是一种收获。曾经风靡一时的电视连续剧《士兵突击》，主人公许三多给观众留下了深刻的印象。他在别人眼里很“傻”，干事情很执拗，用他爹的话说就是一个“龟儿子”，恰恰是这个“龟儿子”，却因自己的执着和踏实，逆袭成为特种兵中的尖子兵。其实，铁路人中不乏这样的“傻”人，他们将自己的聪明才智和能力用到踏踏实实的工作中，给铁路工作带来无穷的动力。

现在，实干精神已经成为国铁济南局优秀的企业文化内核，成为新时代新征程的动力支撑。国铁济南局在行进与积累的过程中，披荆斩棘、闯关夺隘、革故鼎新，沿着光照的前方，一步步在没有路的地方，蹚出了一条济铁人自己的路，创造了属于济铁人的不朽功勋。

济南车辆段是全国铁路唯一具备轮对厂修能力的单位。所谓轮对，通俗讲就是火车车轮。厂修就是对车辆进行全面检查和彻底修理，并进行必要的现代化技术改造，目的在于恢复车辆的基本技术性能，使其修理后接近新造车辆水平，让主要部件的技术质量能保证在一个段修期内正常运用。厂修一般在车辆修理工厂进行，但是，特殊情况乃至必要时可以在有条件的车辆段进行。济南车辆段是全国唯一具有修复客车轮对条件的站段级别的单位。这样说似乎还是让人不明所以，通俗来说，就是济南车辆段作为一个简单修理车辆的单位，却同时拥有干精密工作的资质。好比一般情况下，汽车维修精细的活只能到4S店，粗活、小活才找其他修理店，令人没有想到的是，一家普通修理店，却也能干出与4S店水平一样漂亮的活，像那个卖油翁一样：实干肯干，熟能生巧尔。

济南车辆段，秉持实干精神不放松，数十年如一日，坚持强基达标、提质增效，牢固树立“修车心系坐车人”理念。车辆的安全，直接关系到成千上万的旅客安全。在高要求，精细达标的过程中，如果哪个程序出现差错，都会导致一系列故障的发生。所以，在现代技术的支撑下，真抓实干，深入推进标准化、规范化建设是济南车辆段多年形成的文化内核。2021年，该段车辆高峰运用率位列全路第二名，同时也迈入全路标杆站段行列。大国重器，依靠的正是标准化、规范化的动作，那些比头发丝都要细六分之一的精密度要求，都是实干精神引领下所取得的成果。高速运行在祖国大地上的高铁，要求达到比头发丝都要细六分之一这样的精密度，算是稀松平常的。正是严格执行标准化作业水平，以实干精神推动工作程序，以高要求提高工作效率，才使得千万辆火车车辆，安全、顺畅地行驶在祖国大地之上。

同样身处车辆段的徐佩佩，是国铁济南局济南西车辆段动态检车员。她的岗位全称叫作“TFDS动态检车员”，TFDS即货车故障轨旁图像检测系统。简单来说，就是通过安装在轨旁的高速摄像机，为运行途中的列车拍下车辆各个部位的图片，系统自动将图片传输并保存到服务器。徐佩佩与同事通过远程实时识别图片，在百里之外对货车车辆进行线上“会诊”，来查找车辆故障隐患以保证列车运行安全。

坐在电脑前的徐佩佩在列车进站时，通过高速摄像头扫描、拍摄每节车厢，她的工作就是眼珠不断转，一圈一圈又一圈，不断比对眼前的这些照片，并找出车辆有可能的破损或安全故障。她的手指飞快，鼠标按键发出“咔咔”的响声，速度比秒针都要快。一帧帧照片唰唰飞过，似乎发出了一支支飞镖被掷出去的声音；这一张张安全的“飞镖”钉向服务器，然后像落叶一样飘落下去，很快就被后面飞来的图片掩盖，在电脑里安稳睡去。然而徐佩佩不能睡，她的手指、眼睛、大脑依然还在发“飞镖”的状态，每一支“镖”上，都留有她的目光。一个班下来，她需要检车两千多辆，对比几万幅照片——如果将一天工作的照片全冲洗出来，摞在一起，得有好几米高。徐佩佩说："我每天看的这些车，它们要穿越千山万水，其中甚至还有运行到欧洲的'齐鲁号'中欧班列，这让我觉得我的工作特别有意义。"刚参加工作时，徐佩佩有种玩"大家来找碴"的感觉。那时，她被要求在 10 分钟内查看 1000 多张车辆实时图片，以检查百里之外正在运行中的铁路货车各个部位是否存在故障。徐佩佩形容说："就好像检查 1000 个'月'字中是否有'目'字，有几个'目'字。"那一刻，她坦言"有点慌"。可是，经过一段时间的训练和实干的指引，她成了"挑刺"专家，也练就了一双火眼金睛的本领。反应迅捷，处理果断，成为小小年纪的徐佩佩的习惯。

实干需要会干，精细来自精心。机车车辆驰骋在中华大地之上，万里钢

精检细修：电务职工夜间作业（绘图 / 刘军延）

轨平坦延伸向远方，国铁济南局的工务人——铁道线路的“医护者”，头顶明灯，手抡铁镐，在花火四溅的夜晚，是否会走入平常百姓的梦中？我想，绝大多数人不会知道，当深夜来临，千万人都进入梦中的时刻，正是铁路人忙碌的时刻——高铁驶入车库进行整修，信号工区、通讯工区、供电工区、养路工区等多个部门，此时正在紧张的维修、维护工作中。

这是满足人民新向往的新时代。向往美好生活，向往美好前景，向往企业向更高、更远处发展成为济铁人的共同追求。一个企业精神远景的创立，是需要几代人共同维系与滋养的。不因“我”小而不为，不因“家”大而妄为，个体与集体间的关系，总有一个平衡点要把握。这些企业文化深处的内涵，绘就了企业发展的蓝图。实实在在干事儿，踏踏实实向前，成为更多济铁人的本能。

济南工务段的李景祝，是个实在人，说话实在，做事儿也实在。李景祝人虽实在，修起铁路来却挺活泛。有的人焊轨不计算，看差不离就焊接起来，用工具一量，水平差了 3 毫米。如此一来，打磨，就会形成凹面，不打磨，精密的车轮驶过来，就会受影响，反作用力会对精密的车轮产生损伤，甚至会影响到道床、石砟与地基水平，造成隐患。没办法，只能割了重新焊接。李景祝看见有人这样干活就生气，脾气大得要跳高。但是，跳归跳，他知道这种情况会经常出现，因为新轨与旧轨之间密接后会产生一个误差，无论怎么焊，都会在轨面上产生这么一个凹面。如何解决这个问题？李景祝经过测量，计算好错牙钢轨面坡度，并确定在连接处向旧轨延伸约 40 厘米的位置，按顺坡标准将 3 毫米的相错量焊补起来，焊补完毕再用角向磨光机一点点打磨出钢轨廓形，保证车轮顺滑通过。被焊补过的钢轨经过列车一遍遍碾压，新旧轨之间更趋近于平顺，有效防止了因钢轨相错造成的钢轨轧溃、道床翻浆、高低偏差等线路设备问题。这项技术得到了段线路技术科的认同，并在全段范围内进行推广。

念念不忘，必有回响；真心实干，必有成绩。李景祝的实干精神，透着那么一股子会干、肯干的劲头。他是一个喜欢沉思的人。“我思故我在。”沉思是一种心灵的行动，沉思是心灵的清洗剂。沉思使人内心丰富而充实，沉思使人淡定，沉思使人成熟，沉思使人自信。李景祝的沉思，更多的与作业有关。什么“充实”啊、“淡定”啊、“成熟”啊、“自信”啊，与他无关，他沉思的是满脑子的工作，是要付诸实干的行动。

2018 年，当从车间接到配发的道岔尼龙套（尼龙套是铁垫板与轨枕间连接的专业零件）钻取机时，他下班后的第一时间就是去工具房，一遍遍对照图纸和使用说明，操作钻取机。他一边试验，一边沉思。他在工具房内试用了几次新设备，一切很顺利，于是他自信满满地在一处急需更换尼龙套的位置，按照操作说明用起了钻机。结果，他忙出一头大汗，沉思了好一会儿，用了一个多小时也没有将尼龙套成功取出。看来，沉思有时候起不到决定性作用。

一个多小时取不出一个尼龙套，这工作效率还怎么干活？失败后的气馁让李景祝大为恼火，同时也勾起了他的钻劲——这个实在人，这个不服输的人，就是不信邪了。经过分析研究，李景祝认为这并不是操作不熟练的问题，而是过于强调操作程序，而忽略了现场实际。于是他结合自己的现场经验和业务功底，再次试验，不停地钻，不停地换。最后，他总结出“两种双绞丝钻头交替使用”“尼龙套提取法”等作业方法，更换尼龙套的时间由最初的一个半小时缩短为十几分钟。铁路轨道看似简单，其实，道床内部设备很复杂。作业空间狭小，使用工具不方便，再加上全是铁家伙，笨重、不易移动，轨枕上的尼龙套钻孔小，零件很密贴，取一个看似小小的尼龙套，其实还真不是一件简单的事儿。李景祝改进了作业方法，转换了工作思路，一下子就提高了作业效率。多次试验成功后，他向全段 10 多个线路车间的一线技术人员，传授了自己的作业方法。2020 年一年，李景祝与他的工友更换了 1300 余根站栓尼龙套，节省了更换混凝土岔枕资金近 100 万元，更节省了大量工时。

基于时代的实践背景和实干精神的发扬，才能解决现实存在的主要矛盾，提升生产状况，弘扬优秀的企业精神。在人类社会从落后走向进步、从蒙昧走向文明的漫长演进中，无论是以生产方式革命为标志的石器时代、农耕时代、蒸汽时代、电气时代、信息时代，还是以生产活动变迁为特征的前全球化时代，大时代背景之下，总有那么一群默默埋头苦干、实干的人，立足岗位，为时代奉献着青春与汗水。他们把时间的秒针磨成锋利的镜面，照亮了人生的坚守与实干画面。

45 岁的徐兆全跟高铁已经打了 17 年交道，他的手机也保持全天候 24 小时开机了 17 年。作为应急联络人，他的名字及手机号码，一直贴在高铁司机室最显眼的地方。深夜或者凌晨，有时他的手机会骤然响起，为了不影响家人休息，他的第一反应就是捂着手机往洗手间里跑。他笑着说，自己家里的洗手间，就是他的应急处理室，是他的“110 临时处警台”。有一天凌晨 4 点，停在烟台站的列车出现车载设备显示器“黑屏”，当值司机打来电话。徐兆全跑进洗手间后和司机一起核对故障。虽然这套设备有“双保险”，若一套发生故障，还有另一套系统可以正常使用，不会影响列车运行安全，但是为了补上这层“保险”，他依然用最快的时间和最简洁的思路远程指导司机操纵设备，及时排除故障，保证高铁安全运行。那天，他一边和司机通话，一边看着洗手间镜子里自己的脸，那是一张陌生的脸、疲惫的脸，镜子中的脸是梦境和现实交错在一起的。他打开水龙头，用一只手接水抹了一把脸，清凉的水流让他迅速清醒，并即刻就进入工作状态。故障排除后，他竟然忘了自己身处家中，而且身处在自己家的洗手间里。角色的瞬间转换造成的时空错乱感，让他无声地微笑起来。

2006 年，徐兆全第一次接触动车组列控车载设备，同时，他也成了中国第一批专业维护该设备的铁路人。从“和谐号”到“复兴号”，中国高铁车型已经发展到第 5 代。5 代车型的发展承载了着几代铁路人的热血与青春，背后有无数个在岗位上默默奋斗的济铁人。

刚接触这个领域时，徐兆全脑子一片空白。没有师父指导，他只能与几个同事凭着一腔热血，一起“摸爬滚打”，硬生生在未知的领域蹚出一条路。这项工作需要时时刻刻追踪动车的“脑电波”，分析、记录、试验与实践共行。不说每年参与8次的数据换装，单纯日常处理的故障文件就能摞满一张办公桌。水滴石穿，铁杵磨成针，时间的积累证明了一切。由于列控车载设备不断改造升级，设备的精密复杂程度和维护难度也在不断增加。最早，徐兆全平均一年需要核对3万条数据，而现在数据核对数量已增长至10万余条。可徐兆全还是像最初一样，秉持实干不放松，每一组数据都仔仔细细地校对、查验与思考。经历17年，他成为各种车型列控车载设备的维护、维修专家中的专家，被同事们誉为动车“大脑”首席诊疗师。

实干之前，当属会干；会干之前，当属肯干；肯干之前，当属肯学。“可上九天揽月，可下五洋捉鳖，谈笑凯歌还。”新济铁人天上有电网，地上有连绵不绝的万里钢轨，下五洋亦可谈笑风生。“铁路蛙人”不被外人所熟知，因而他们默默无闻的工作就好像披上了一层神秘的面纱。

早期有部从外国引进译制的电视剧《大西洋底来的人》，剧中有一个神秘的“蛙人”，他在大西洋深处畅游，如同一条灵活的鱼。铁路“蛙人”也是一条鱼，不过是一条在工作状态中的鱼。许多时候，“蛙人”要定期潜到水底，为铁路大桥的桥墩“体检”，保护大桥的“健康”。这支“蛙人”队伍，属于国铁济南局铁道战备舟桥处潜水段，这是全国铁路系统唯一的一支成建制桥梁检测队伍。

这支“蛙人”队伍曾在位于湖南省株洲市攸县境内的醴茶铁路上开展潜水检测作业，对服役了50年的攸县铁路大桥进行水下检测，保障这条被称为株洲革命老区“连心路”的春运安全。

经过半个多小时的准备，潜水员来到要检测的0号桥墩。桥墩深入蓝莹莹的水下，山体倒映在水面上，一些蜻蜓贴着水面飞行。当时58岁的刘钦岭是铁道战备舟桥处潜水段的副段长，他是原铁道兵时期入伍的最后一名潜水员，近几年先后培养了十几名徒弟。由于年龄原因，他不能下水。在爱徒张骞准备下水前，潜水经验丰富的老刘在岸边不断叮嘱："下水后，先下到底，之后再慢慢地往上摸；有洞就往里进，进去以后不要摸一下就做决定，而是要全面地将整个过程摸一遍，摸完以后再总结，哪个位置最深，哪个位置最浅。"张骞点点头，刘钦岭拍了拍爱徒的后背，再次检查了他的装备。

这次潜水不同以往，以往潜水需要穿戴潜水面罩、脚蹼、气瓶、配重铅块等，整套装备重达20多公斤，非常笨重，需要好几名队员一块配合才能穿戴好。但这次由于水质清澈，还是静水，所以张骞选用了一种新型的轻潜装备，相对以前的重潜设备来说灵活性更高，安全性也更高。他伸展手臂，做了几个舒展动作，弯腰、拉伸，准备就绪后，便开始下水。设备慢慢随他下沉，水面留下一堆堆泛起的气泡。

这两天攸县天气虽然晴朗，但是水下温度很低。这次检测的0号桥墩坡度较大，就像一条长长的水下滑梯。张骞顺着桥墩下潜，突然的水流扰动，让几条黑色的鱼受到惊吓游走了。他身边的气泡在不断上升，设备随着他的下沉缓缓下降，一些声音好像从很远的地方传来，这让他感觉自己像是在外太空探索。半个小时过去了，张骞终于触底。水底的石头尖锐异常，他轻轻迈过脚下的障碍。水下一片漆黑，灯光只照亮了不断上升的气泡，设备绳索在他身边晃动。张骞用手一寸一寸地摸，满身的装备加上水中的浮力，使他每一步都走得小心翼翼。电台不断发出声音，耳麦中的音浪顺着水流向水面冲去。

经过一个多小时的作业，张骞完成了各项工作任务。他缓缓上升，在寂静的水下，他在心里唱起歌。他像一条大鱼一样冒出水面，清澈的涧水泛出一片波浪，阳光洒在他的脸上。除了潜水员水下探摸外，"蛙人"还运用三维图像实时声呐、双频测深仪，及水下摄像等先进检测设备，对水下桥墩状况进行科学的分析。铁道战备舟桥处桥梁水下检测队目前有15名潜水员，其中大多数是20岁出头的年轻人，这支队伍自2016年开始进行专业桥梁水下检测以来，共检测铁路桥梁80多座，足迹踏遍大半个中国，仅2021年一年就先后检测15座铁路公路桥梁。人民铁路为人民，为保证人民出行安全，这些铁路“蛙人”，用自己默默无闻的实干精神，点亮了铁路安全的万盏明灯。

中华民族是世界上古老而伟大的民族，中华文明是历史上悠久而灿烂的文明。近代以后，中华民族几经磨难，中华复兴的道路上，是谁成为在清醒中坚守的智者？是谁成为默不作声、埋头苦干的实干家？正是任劳任怨坚守在岗位上的他们！他们积厚成势，挑起重担，砥砺前行。

第四章　彩云长在有新天

1965 年 12 月，毛泽东主席到南昌视察工作，时年 72 岁，已是垂暮之年的他再度来到自己曾率领中国工农红军浴血奋战多年的江西故地，眼前的情景引发了他的感想。在这里，他写下了著名的《七律·洪都》：

到得洪都又一年，祖生击楫至今传。
闻鸡久听南天雨，立马曾挥北地鞭。
鬓雪飞来成废料，彩云长在有新天。
年年后浪推前浪，江草江花处处鲜。

在这首诗中，毛泽东主席以“彩云长在有新天”“江草江花处处鲜”的诗句，不仅表达了自己“烈士暮年，壮心不已”的伟人情怀，而且全面构想和描述了他心目中的新中国、新愿景，这是他对中国共产党永葆江山、再创辉煌的展望。

青史如鉴耀千秋，彩云长在有新天。从过去火柴、蜡烛都被称为“洋火”“洋蜡”，到成为全世界唯一拥有联合国产业分类中所列全部工业门类的国家；从落后的农业国变身为世界第二大经济体，经济总量突破百万亿元大关；从封闭、半封闭走向自信开放，货物贸易第一大国的地位更加巩固；从老百姓饥寒交迫、温饱不足到消除绝对贫困、全面建成小康社会……在一代代中国共产党人的奋斗之下，中国经济社会面貌发生了翻天覆地的变化，创造了彪炳史册的人间奇迹。

当下，世界之变、时代之变、历史之变正以前所未有的方式展开，我国发展的内外环境正在发生着深刻变化。面对前进道路上各种可以预料和难以预料的风险挑战，只有始终求进，不断进步，保持永不懈怠的精神状态和一往无前的奋斗姿态，过了一山再登一峰，跨过一沟再越一壑，才能不断取得新的胜利。

半个多世纪前，毛泽东主席在故郡洪都——南昌写下的这首诗，至今犹在耳边回响。“彩云长在有新天”的诗句，更是穿透历史的烟云，划过岁月的天空，回荡在齐鲁大地的上空，回荡在国铁济南局所管辖的线路上，激励着一代又一代济铁人不忘初心、砥砺前行的希望与梦想。

一、詹天佑的目光

创新是一个民族进步的灵魂，是一个国家兴旺发达的不竭动力，也是国铁企业最深沉的禀赋。

在 2021 年 1 月 18 日至 19 日北京冬奥会、冬残奥会进入倒计时之际，习近平总书记深入北京、河北两地的三个赛区进行实地考察。两天里，总书记两次乘坐京张高铁，感受从当年时速 35 公里到如今时速 350 公里、从当年爱国工程师詹天佑设计的“人”字形八达岭线路到今天“大”字形立体交通的巨大变化。他深有感触地说，新老京张铁路在筹办北京冬奥会、冬残奥会中实现了交会，具有特殊重要的历史意义。他进一步强调，京张高铁是我国自主创新的一个成功范例，从引进、消化、吸收到再创新到自主创新，如今已经领跑世界，充分证明举国体制的显著优势。这些发展变化见证了中国人民自力更生、自主创新的奋斗历程。

时光回溯到 1905 年，让我们重温那段激情澎湃的历史。京张铁路是詹天佑主持修建的中国第一条铁路，它从北京丰台出发，经八达岭、居庸关、沙城、宣化等地至河北张家口，全长约200公里，于1905年9月开工修建，到1909年建成。这是中国首条不使用外国资金及人员、由中国人自行设计并建造的铁路，也是以詹天佑为代表的中国铁路工程人员创新发展的成果。

百年前的中国积贫积弱，要技术没技术，要资金没资金，外国人甚至公然在报刊上嘲笑“能在南口以北修筑铁路的中国工程师还没有出世呢”。顶着巨大的压力，詹天佑带着学生和工人，一寸寸地把工程向前推进。白天，他们扛着标杆，背着经纬仪，在峭壁上定点、测绘；晚上，他们在帐篷里就着灯火绘图，一遍又一遍地复勘定线……为了能让火车顺利爬上陡峭的上坡，詹天佑创造性地用“人”字形设计方案破解了这个巨大的施工难题，他过人的智慧让当时的众多外国专家惊叹不已。

詹天佑打破了所谓中国人不能自建铁路的断言，为中华民族在世界铁路建设史上写下了光辉的一笔。正像一位铁路诗人在其《詹天佑的目光》一诗中写的那样：

八达岭长城脚下
老京张铁路青龙桥车站
詹天佑铜像矗立在这里
深邃的目光望了一百多年

他凝视着八达岭、居庸关
那层峦叠嶂、坡陡弯多的山脉
像一个大大的问号，钩出
洋人们不屑、蔑视、讥讽的眼神
以及朝廷内外的恐惧

夙夜难眠，是为了那个“耻”字
他亲自丈量每一段杂草丛生的山路
用掷地有声的诺言垫实沟沟坎坎
试验车钩断裂了
就想出“自动挂钩法”
隧道太长难以打通
就用“竖井挖掘法”
山高坡陡火车上不去
一个“人”字形线路设计
成为世界铁路工程的典范

国耻已雪百年，如今
你站立的地方
已成为供后人瞻仰的圣地

你看到了吗？一条新的京张铁路正在修筑
这条被冠以“高速”的铁路
将实施350公里全自动驾驶技术
你应当看到了
好像还轻轻地感叹了几声

依然是你的目光
深情的目光
欣赏着这幅上乘画作
一遍又一遍，陶醉其中

时光飞逝，百年如梭。如今的中国早已越过坎坷，如今的中国铁路已然领跑时代。八达岭长城脚下的青龙桥车站，詹天佑先生的铜像巍然矗立，默默注视着往来的车流。那铁轨上镌刻着的“1905”，已经成为中国铁路自主创新的源头。许多到此游览的宾客，看到詹天佑留下的伟大工程，都赞叹不已。

历史往往有着对称之美，詹天佑先生可能无法想到，在100多年后的今天，在同样的起点和终点位置上，京张高铁以350公里的时速纵情驰骋在古老的长城脚下，用“中国速度”“中国标准”重新定义了火车的运行。

百余年的光阴犹如弹指一挥间，中华大地却仿佛换了人间。他目光所及，看到今日之中国，江山壮丽，人民豪迈。他目光所及，看到今日之铁路，路网密布，高铁飞驰。他举目四望，铁路跨越田野阡陌，通达四面八方，流动的中国一派气象万千、欣欣向荣。

截至2021年底，全国铁路营业里程已突破15万公里，其中高铁营业里程超过4万公里，稳居世界第一。中国铁路实现了从无到有，从绿皮车到动车组再到“复兴号”，时速成为世界领跑者的发展和转换。

抚今追昔，我们付出了太多的努力，才有了今天的发展成就。而与祖国共同成长的中国铁路亦破茧成蝶，实现了质的飞跃。中国高铁的迅猛发展，不仅改变了中国的交通格局，也改变着中国人的生活，深刻影响着经济、政治、文化等各个领域，引领中国跨入一个全新的“高铁时代”。

在广袤的神州大地上，一张世界上最现代的铁路网和最发达的高铁网正在快速延展。纵横之间，“山不再高，路不再长”，朝夕之间便可跨越万水千山，“坐着高铁看中国”成为广大旅客享受美好旅行生活的真实写照。我们可以自豪地说：无论是路网规模和质量还是运营速度和运输安全，中国铁路都已成为世界铁路的领跑者。铁路发展看中国，这已经成为世人的广泛共识。

看到这一切，詹天佑一定会感到欣慰吧！请跟随他的目光看一看吧。

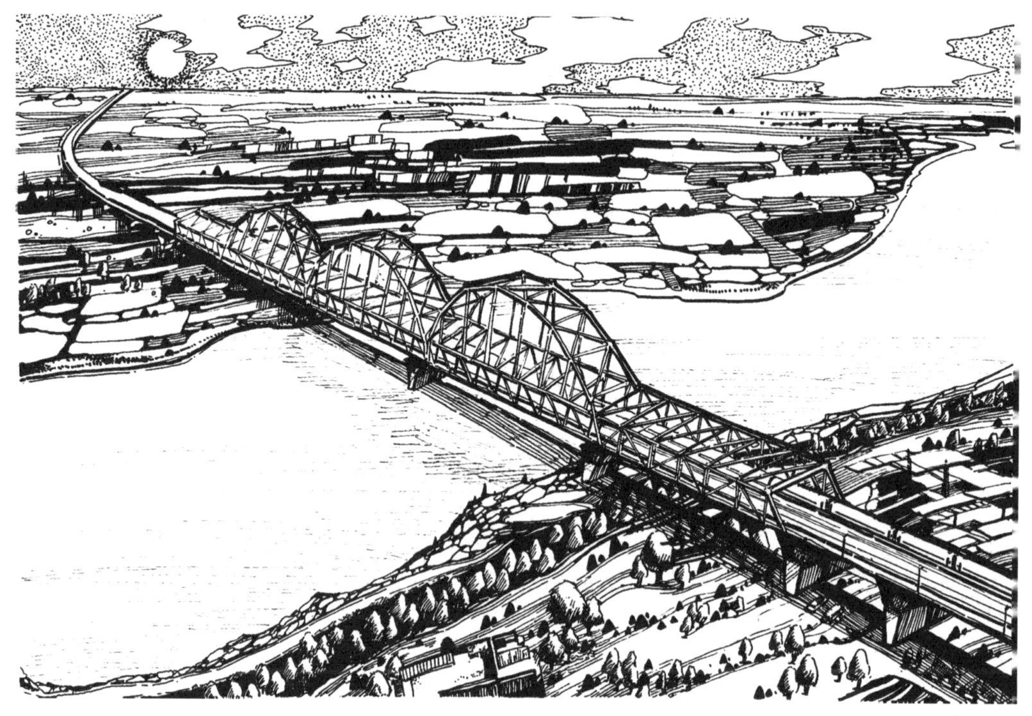

百年黄河铁路大桥依然承担着铁路运输任务（绘图 / 袁昊）

他从京张铁路跨越千里，来到了齐鲁之邦。1908 年津浦铁路开工，山东省恐黄河建桥阻塞河道致生灾害，当年 12 月末，清政府派他到济南审定济南黄河大桥工程设计。他五易其稿，提出济南黄河大桥建造修改方案，并开始建造。泺口黄河铁路大桥建成后，全长 1255 米，是目前唯一一座年岁过百仍承担铁路运输任务的大桥。而承担大桥养护的国铁济南局，在他的目光里又会是什么样子?

他的目光在追寻，他应当看到了他曾经为之洒下心血的齐鲁大地，随着铁路建设发生翻天覆地的变化，他的创新意识在这里赓续传承。

济铁人把高质量发展作为奋斗目标，把创新作为第一动力，转变思维方式，主动破解难题，向创新要安全、要效益、要新发展。创新实践在千里铁道线上持续释放出新能量，在齐鲁大地上镌刻下了济铁人创新发展的辉煌轨迹。

济铁人，参与、见证着中国高铁从追赶到领跑的光辉历程。如今，时速

350公里的“复兴号”动车组，最快1小时22分钟就能从济南到达首都北京。

济铁人，胸怀国计民生大事，催动铁路沿线发生巨变。济南西站刚建好时，方圆好几公里都很荒凉。但随着京沪高铁的开通运营，济南西站周边高楼林立、车水马龙，线路两侧的景观带越来越美，城市越来越繁华且富有活力，济南西站已成为名副其实的“济西门户”“京沪会客厅”。

济铁人，全面提高铁路基础设施建设速度。自2011年6月京沪高铁开通运营以来，国铁济南局集团管内又相继开通了青荣城际铁路、青盐铁路、济青高铁、石济高铁、日兰高铁日曲段、潍莱高铁、日兰高铁曲庄段，齐鲁大地铁路网越织越密。“千里江陵一日还”的高铁生活方式，不仅满足了市民对于“诗与远方”的需要，还为社会和经济发展提供了强有力的交通保障。

济铁人，不断加快高质量发展的脚步。管内路网结构和功能显著改善，客运供给侧结构性改革持续深化，服务品质日益提升，百姓出行越来越便捷。高铁带给老百姓的除了骄傲和自豪外，还有实实在在的幸福感。

詹天佑将目光从济南转向青岛。一百多年前，这里被外国列强侵占，中国人民深受其害。胶济铁路从这里出发，却成为侵略者掠夺中国资源的运输线。他看到，如今的青岛已经成为世界知名都市圈中心、东方贸易进出口中心和具有全球影响力的海洋创新中心，胶济、济青、青荣、青连等诸多铁路会聚于此，青岛西站建设工程还获得以他的名字命名的中国土木工程“詹天佑奖”，而另一个创新工程项目济青高铁青岛机场站更让他感到骄傲。

济青高铁青岛机场站位于青岛胶东国际机场航站楼下，站房面积78500平方米，规模为2台4线，站厅层为地下一层，站台层为地下二层，是山东目前唯一一座实现与航空、地铁、公交、出租等交通方式“零换乘”的枢纽车站，由此形成了青岛城区与青岛胶东国际机场间便捷的交通运输体系。

济青高铁青岛机场站配备多种先进设施，优化多项服务举措，为旅客提供更加人性化、便捷化的出行服务。进站厅设置人脸识别闸机，旅客可实现自助式进站；安检区域配备国内领先的双源双视角安检仪，旅客乘高铁到达车站后无须再次安检即可进入地铁换乘区；车站设立“急客”通道、母婴专用候车室等服务设施，为旅客提供专区候车、乘车指引、外语服务、重点旅客帮扶等系列服务，让旅客获得更温馨的出行体验。

詹天佑看到，这里的人们以枢纽为媒、车站为根，聚市成群打造经济社会发展共同体。邹平市历来以发展铝制品、纺织品为代表的第一、第二产业为重。自2018年邹平市接入济青高铁以来，高铁的引流效应为当地包括旅游业、餐饮业在内的第三产业注入了强劲动力。与此同时，国铁济南局以路网为纽带，为全省各地市文化及旅游产业聚效融合赋能，进一步凝聚起乡村振兴和共同富裕的发展合力。

人是发展之本，路是引流之渠。而人流汇聚之所，多是兴旺发达之地。在潍坊市寒亭区，一场以济青高铁潍坊北站为圆心的大建设，正重构着当地经济社会发展新版图。他们在车站半径30公里内，引入科技、研发、院校、商务、农综等过亿元项目45个，总投资高达706亿元，建设等级和规模双双创下历史之最。

詹天佑看到，新时代赋予铁路交通强国新使命，济青高铁将沿途城市串珠成链。淄博“齐文化经济模式”悄然走红；以保税区、“氢走廊”等为代表的经济新引擎动力加速；邹平“中国铝谷”渐入佳境；更远辐射的临沂红色研学游持续吸睛……高质量发展的国铁济南局，为新时代的山东“走在前、开新局”注入了强劲动力。

詹天佑深深知道他当年创新京张铁路建设的重要性。如今，创新作为第一生产力，同样重塑着传统铁路运输生产组织形态。如供电6C、动车TEDS、机务6A、电务6S2C等一系列先进技术装备投入使用，通过安全大数据的开发应用和专家化、智能化分析，实现了信息互通、数据共享、自动采集、智能分析、科学评估、有效预警，让检测监测效果实现质的飞跃。

济南供电段管辖着京九、菏兖日、济青高铁、石济客专等铁路线的供电设备，全段营业里程 1683.886 公里，其中高铁 124.975 公里，设备多，分布区域广，如何确保设备高质量运行的问题摆在了他们面前。

2022 年初，济南供电段推出了 6C 铁路供电安全检测监测系统。该系统包括 1C 高速弓网综合检测装置、2C 接触网安全巡检装置、3C 车载接触网运行状态检测装置、4C 接触网悬挂状态检测监测装置、5C 受电弓滑板监测装置、6C 接触网及供电设备地面检测装置等。此前铁路接触网的巡检方式主要是人工步巡，存在巡视周期长和接触网设备螺丝松动、细小裂纹等隐蔽故障难以用肉眼发现等缺点。而通过 6C 检测监测系统，传输回来的图像信息可以随时放大数倍进行观察，螺丝的状态、细小的裂纹都能清晰辨别，极大地提高了设备故障查找的效率。如以前有些桥洞上面结冰，可能会对线网造成影响。6C 铁路供电安全检测监测系统能实时将各部位的高清图像数据通过“云系统”传到各工区的检测分析台上，工作人员通过监控传回来的图像，就能清晰知道什么位置在什么时候结了冰，然后调度施工人员除冰，这既减轻了职工的工作量又提高了效率，更为旅途安全提供了动力保障。同时，这套系统取代了以往人工步巡的方式，足不出户就可以为铁路供电设备进行全面体检，能更精准地保障铁路行车安全。

青岛动车段 TEDS（动车组运行故障动态图像检测系统）监控中心，担负着国铁济南局所有动车组列车的运行故障分析，日均分析动车 532 标准组，在春运、暑运期间更是多达 700 余组。TEDS 的主要作用是通过高速相机拍摄采集线路上动车组转向架、车底部件等图像，并实时传回该段 TEDS 监控中心。

在该段有这样一只特别的队伍——动车组 TEDS 分析员，他们被誉为“动车组影像科医生”，是守护动车组运行安全的“火眼金睛”。他们通过从各大枢纽站动车组图像检测系统采集过来的海量图片，实时诊断动车组线上运行状态，一旦发现任何细微隐患，立即报告处置，以保障动车组运行的绝对安全。

为避免重点动车组漏检，该段还制定实施 TEDS 重点车分析管理制度，将 12 项 TEDS 重点检查部位，以及重点故障情况，用文档、图表形式直观、清晰地展现出来，供职工学习和掌握，从而大大提高了分析排查典型故障和严重质量缺陷的能力，及时排除动车组安全隐患。

在济南西机务段，他们运用“互联网 +”管理思路，将机车音视频系统、远程监测与诊断系统以及段区视频监控系统进行有效整合，配备大功率车载数据专家处理系统，建立起功能强大的机务 6A 数据中心，实现了对主要工种作业安全情况、设备运转情况的 24 小时可视化监控。对各监测系统数据进行检索分析，可日均实时视频检索 90 台机车，监控数据检索 1000 个文件，实现了线网全覆盖；音频分析抽检率达到 40%，实现关键项点全面监听。

在济南西机务段数据分析中心分析大厅，有这么一群人，他们的工作就是盯着电脑屏幕仔细查看波形、数据，一盯就是十几个小时……27 岁的分析员蒲军已经和屏幕上这些密密麻麻的数据、图形打了 7 年的交道。

在分析大厅里，由 24 块 42 英寸液晶显示器组成的屏幕墙，24 小时不间断显示机车三项设备、CMD 系统、机车运行途中监控和其他关键作业过程的实时画面。车载走行部监测装置重点监控车轴、齿轮、轮对、电机轴承，每台机车密布 36 个传感器，不间断地采集温度和振动数据。数据中心以关口前移、提前预警为原则，采用超前诊断分析与报警重点分析相结合的方式，对机车各部件的技术状态进行动态盯控。

每当机车入库，段内线路沙盘上的标志灯便会闪动，CMD 地面无线传输装置将相关数据自动上传，分析系统将其转化为波形和图表。分析人员就忙碌在数据终端上，每天核查上万条数据，不放过任何蛛丝马迹。分析系统能够实现分级报警，他们根据隐患类型，除了对报警信息进行重点分析之外，还要一帧帧地对图像进行鉴别复查，争取提前从纷繁的图形中找到有规律的波动，“跑”在预警之前，发现故障苗头。

在电务系统，国铁济南局积极推进电务大数据平台建设，构建起以安全生产指挥系统、作业安全卡控系统、设备综合管理系统、地面检测监测系统、车载检测监测系统、动态检测监测系统、通信综合网管系统、通信设备监测系统为核心的6S2C电务大数据平台，将人员信息、教育培训、设备履历、规章制度、安全信息、问题库、作业卡控以及各类检测、监测、监控数据纳入大数据平台，逐步实现了跨系统、跨专业数据集成和信息共享。

济南电务段利用电务大数据智能运维平台，打通数据互通通道，完善信号设备健康评估、生产组织过程控制等功能，将标准化数据、规范化流程融进智能平台，实现电务设备、生产、人员、应急全方位数据智能驱动。该平台推广运用以后，该段传统的“计划修”转变为以设备健康值为基础的“状态修”“精准修”，极大地提高了设备的检修养护效率。

从铁路建设高质量推进，到供电6C、动车TEDS、机务6A、电务6S2C等一系列先进技术装备投入使用，国铁济南局在创新发展的路上攀上了一个又一个高峰。创新，让这个传统的铁路企业发生着历史性的巨变。

看到这一切，詹天佑笑了，笑得是那样真切、那样爽朗，流露出的是欣慰和自豪。

二、思想创新是第一动力的源泉

创新是第一动力。一个国家、一个民族的发展进步离不开创新，一个企业的发展同样离不开创新。越是伟大的事业，越充满艰难险阻，越需要艰苦奋斗，越需要开拓创新。而促成创新成为第一动力的源泉是思想上的创新。没有思想上的解放、思维的嬗变，创新就只能是纸上谈兵，其产生的负面作用甚至比保守还具有破坏力。

海尔是全球大型家电第一品牌，1984年创立于中国青岛。经过近40年的创业、创新，海尔从一家资不抵债、濒临倒闭的集体小厂发展成为全球大型家电第一品牌，并连续多年蝉联中国最有价值品牌三甲。

对海尔精神阐释最生动、流传最广就是张瑞敏“砸冰箱”的故事。1985年，一位用户向海尔反映：工厂生产的电冰箱有质量问题。于是，张瑞敏突击检查了仓库，发现仓库中有缺陷的冰箱还有76台！当时研究处理办法时，有些干部建议作为公关品送人，有些干部建议当作职工福利分发下去。就在很多员工十分犹豫时，张瑞敏却做出了有悖“常理”的决定：开一个全体员工的现场会，把76台冰箱当众全部砸掉！而且，由生产这些冰箱的员工亲自来砸！

听闻此言，许多老工人当场就流泪了……要知道，那时候别说“毁”东西，海尔就连开工资都十分困难，那76台冰箱如果按出厂价计算，相当于全厂职工两年的工资。况且，在那个物资还紧缺的年代，别说正品，就是次品也要凭票购买！如此“糟蹋”东西，大家心疼啊！当时，甚至连海尔的上级主管部门都难以接受。

但张瑞敏明白：如果放任这些产品流通到市场上，就谈不上质量意识！我们不能用任何姑息的做法，告诉大家可以生产这种有缺陷的冰箱，否则今天是76台，明天就可能是760台、7600台……所以必须采取强硬手段，必须要有震撼效果！张瑞敏选择了不改初衷！结果，伴随着阵阵巨响，一把大锤砸醒了海尔人的质量意识。从此，在家电行业，海尔人砸毁76台有缺陷冰箱的故事传开了。至于那把著名的大锤，已经被收入了国家历史博物馆。

明砸冰箱、实砸观念，这一砸给新旧观念划了一条分水岭。可以说，这把大锤为海尔品牌走向全国、走向世界打下了铁一样的基础。正像张瑞敏在上海财富论坛上曾说的：“这把大锤对于海尔今天走向世界，是立了大功的！”如今，海尔董事局大楼内立着一座名为《凤凰涅槃》的雕像，代表着海尔人要永远自以为非，跟随时代的节拍，永远创业，永远创新。

小岗村是我国农村改革的主要发源地。40多年前，18位农民在“包干到户”

的契约上摁下红手印，拉开了我国农村改革的序幕，成为中国改革的标志。

今天，在小岗村大包干纪念馆的显著位置，陈列着一份放大版的“大包干”契约书。契约书的原件，被永久收藏在中国国家博物馆，编号GB54563，是国家一级文物。

契约书寥寥数语，但读起来重达千钧：

> 我们分田到户，每户户主鉴（签）字盖章，如以后能干，每户保证完成每户的全年上交和公粮，不在（再）向国家伸手要钱要粮。如不成，我们干部作（坐）牢刹（杀）头也干（甘）心，大家社员也保证把我们的小孩养活到十八岁。

白纸黑字，18个红手印异常醒目，现在看来堪称勇气壮举，在当时更多了些沉重和悲壮。“大包干”带头人之一的严金昌说，当时大家是“贴着身家性命”进行改革的，正因为风险大，他们才采取最原始的“赌咒发誓”“摁手印”的方式签订协议，共担责任。“这不仅是一份契约书，实际上也是生死状、托孤书！”

签订契约当晚，生产队的土地、耕牛、农具，都按人头分到了各家各户。从此，每天天不亮，家家户户就下地干活了。

“大包干”极大调动了小岗人的生产积极性。次年，小岗便迎来大丰收，粮食总产13.3万斤，是前十余年产量的总和。

1980年5月31日，邓小平在一次就农村问题发表的重要谈话中肯定了小岗村“大包干”的做法：“‘凤阳花鼓’中唱的那个凤阳县，绝大多数生产队搞了大包干，也是一年翻身，改变面貌。有的同志担心，这样搞会不会影响集体经济。我看这种担心是不必要的。”这让搞“大包干”的农民彻底稳住了心神，坚定了信心。

随着从前不敢碰、不敢啃的“硬骨头”被一一砸开，这如同一股强劲东风，瞬间冲垮“大呼隆”“大锅饭”的阻碍，点燃地火，唤醒了沉睡已久的农村大地。18 枚红手印所开启的家庭联产承包制最终上升为中国农村的基本经营制度。中国农村改革的大幕由此被拉开，推动着我国脱贫攻坚事业一步步走向胜利。

今天的小岗村，已从当初一百多人的生产队发展成“全国十大名村”，目前正在加速打造文化、旅游、培训、现代农业四个特色品牌，乡村振兴实施方案已然绘就。18 个红手印留给我们的是什么？是革新？是创造？用 8 个字可以概括，那就是“敢闯敢试、敢为人先”。

海尔发展壮大的不凡历程和小岗村的巨变，都是中国社会巨变、推动创新发展的生动缩影。回首过去那一段段不凡的发展历程，在改革开放和个体命运的相互交织中，绘就了一幅幅波澜壮阔的时代图景。无数人的“此间的奋斗”，已然成为中国人的集体记忆，写在改天换地的巨变里，刻在气吞山河的史诗中。

放眼当下，千百高铁奔驰神州，大型客机飞上蓝天，“中国天眼”与北斗导航闪耀星空，我国 5G、量子、干细胞研究引领世界，人工智能赋能高质量发展……创新发展的时代交响已经响彻中国大地。

同样，思想保守不是济铁人的标签，甘居中游不是济铁人的追求。

2021、2022 年，国铁济南局先后大力实施“理顺规范年”“改革创新年”建设，这是贯彻新发展理念、实施创新驱动发展战略的具体举措，也是解决影响和制约国铁济南局高质量发展深层次问题的治本之策。

2022 年 3 月 28 日，国铁济南局领导班子成员和部室负责人围绕思想观念如何创新、如何把提高创新力作为推动管理上水平的主攻方向等内容进行热烈研讨，以济铁人最认真、最坦诚的姿态全面展开思想创新全员大讨论，为全局干部职工立标打样。

2022 年 4 月初，思想创新全员大讨论在全局如火如荼地展开，各单位党

“复兴号”动车组列车整装待发（绘图 / 徐思嘉）

委高度重视，精心制订学习研讨方案，主要领导亲自动员部署、积极组织推动、持续跟踪问效，运输部、客运部、机务部、车辆部、工务部、宣传部、电务部、经开部等各部室负责人深入各单位，参加专题学习研讨，围绕思想创新找问题、定措施，确定调研攻关课题。

国铁济南局领导班子成员分别到所在党支部、党支部工作联系点或分管系统进行宣讲，各系统开展专题学习、区域交流 5120 余场次，征集干部职工感言体会材料 1470 余篇。一百天，一千道题，领导人员业务知识“百日千题”学习活动蓬勃开展起来，国铁济南局内学习氛围越发浓厚，勤学常学、终身学习的习惯潜移默化地影响着每一名职工。

以上率下、示范带动，在上下结合中列清单、定题目、找差距、转观念，着力推动领导人员思想观念大转变、干部担当意识大强化和职工岗位行为大规范，破解发展难题、激发改革动力、迈出坚实步伐。

忽如一夜春风来，向创新要安全，向创新要效益，向创新要发展，创新的力量在济铁人心中持续释放。各系统在思想创新大讨论中全面梳理改革创新事项清单，以企业治理机制和管理机制创新、安全控制机制创新、设备维修体制改革、运输经营机制创新、人才培养机制创新、三项制度改革、生产劳动组织改革、企业经营创新等为重点，形成国铁济南局改革创新重点任务75项，铺画出改革创新年的路线图、时间表。

机务系统改革创新推进会、车辆系统“改革创新年”研讨会、土房系统现场观摩交流会、车务系统标准化规范化推进会、财务系统述职评议会……以系统为单位召开的研讨会或现场推进会达20余场，确定攻关课题136项，为推动解决影响系统发展的关键性问题，形成全局上下步调一致、干部职工共谋互促的生动局面。

“以前，我们简单地以为谈生意就是谈价格”，经过前期讨论，山东济铁酒店管理公司党委宣传助理员王荣有了新的认识：“我们只有躬身入局，对症解决酒店管理的‘痛点堵点’，才能在市场中争得一席之地。”

近几年受疫情影响，酒店行业受到的冲击较大，山东济铁酒店管理公司坚持需求牵引、问题导向，推出有铁路印记的产品和特色服务，探索“酒店＋X”服务链条延伸和创新的更多可能：以青岛铁路金海大酒店为试点，逐步推进智能客房建设；以济南铁道大酒店为试点推进智能清扫吸尘机器人应用；在各酒店推广使用智慧能耗管控系统，实现实时掌控和动态分析能耗支出，激活智能管理新动能。

土房部研究开发智慧房建巡检系统，通过卫星定位技术对携带手持终端的巡检人员进行实时掌控，推动作业标准化。济南西机务段开发“应急指挥中心信息管理系统”，实现远程非正常精准指导、一对一现场故障协同快速处理，保障机车安全运行。山东济铁工程建设集团创新使用“折臂吊整孔吊移D24施工便梁工法”，节省组装便梁直接成本约56000元。青岛车务段组建以“最美铁路人”孟照林为核心的创新工作室，推出“加强站港联系，突出装卸组织，避免交叉干扰，挖掘运输潜能”24字工作法，促进了运输潜力的充分释放。青岛动车段依托“中华技能大奖”获得者、“齐鲁大工匠”刘波开展动车组机械师人才培养计划，先后培养出“全国技术能手”4名、全路和全局技术能手23名。青岛工务段党委参照“全国五一劳动奖章”获得者、“全国铁路劳动模范”葛昌林创建的“红旗设备”标准，开展党团员包最差、干最难、创最优的设备“堡垒行动”，设备质量显著提升。济南房建公寓段研发全路首款智慧公寓管理平台，运用“人脸识别”技术，3秒完成出入寓登记；将“公寓叫班系统”与“机务运安系统”互联对接，形成自动派班、自动排班、自动叫班的全新叫班模式。济南铁路物资工业集团公司成功开发高铁站台屏蔽门、高站台模块、高铁简统化接触网等八大新产品，建成5G智能铁路创新实验室和废旧钢轨自动分拣线，202项产品纳入国铁济南局自产品目录，擦亮了“济铁制造”品牌。

为了让创新要素有机衔接、畅通流动，国铁济南局注重“搭平台”，进一步拓展创新成果转化的广度、深度、速度和精度。2022年4月，国铁济南局组织成立劳模和工匠人才创新工作室联盟。国铁济南局各级、各类创新工作室步入由点成面、聚线成网的新发展阶段。劳模和工匠人才创新工作室联盟是“以创新业务相通、创新目标相近”为主要特征组成的跨系统、跨地区、跨单位的非营利性联盟组织。各单位由具备较强技术能力、创新能力、管理能力的劳模工匠和高技能人才领衔，建有良好管理机制和创新机制、在所属系统有一定成就和影响的创新工作室，均可加入这一联盟。各单位创新工作室有两种联盟方式：同一行业系统且创新目标相近的两个以上创新工作室组建联盟；不在同一行业系统，但在旅客服务、货运增量、运输组织等整个工作流程中密切联系，或者处在行业上下游的两个以上创新工作室也可组建联盟。如由临沂工务段、青岛电务段创新工作室联合成立的“心同路畅”高铁道岔工电联整创新联盟，不同系统的创新团队优势互补、合力创新。他们推出了以每月作业计划联合定、设备状态联合查、病害分析联合干、现场问题联合整、整修效果联合评为内容的联合工作法，进一步提升了管内高铁道岔工电联整作业质效。

由劳动模范、工匠人才和特殊技能人才组成的创新工作室联盟，搭建起相互交流学习、共同锻炼提高的平台，人才集聚、创新攻关、成果转化和示范引领的作用得到充分发挥，形成了优势互补、强强联合、同频发力、合力创新的良好局面，有力推动了企业高质量发展。

他们把“没有问题”作为最大问题，把“不敢直面问题”作为最大思想顽疾。3个专班、9个牵头部门，6大类、20项问题，以“六反六必须”专项工作为契机，国铁济南局旗帜鲜明地对形式主义、官僚主义问题坚决说“不”，坚定不移地向“不作为、慢作为、欠作为、乱作为”问题“开刀”，促进各级干部在其位、谋其政，自觉做到眼里有组织、心中有群众、办事有规矩、工作有热情，为改革创新提供了坚强的作风保证。

他们心向“民之所望”，优化客货运产品服务。客运方面，一项项惠民之举，有力回应社会关切：开发旅客遗失物品电子化管理平台，增设可视对讲视频设备，建立“智能保洁”平台系统，对管内平原、磁窑、临清进行高站台改造，改善旅客乘降条件，推出“慧心七重奏”服务、“一程专车”、“双铁联运”等适老化服务项目，组建“我是你的眼”高铁志愿服务团队，为盲校视力障碍旅客提供站车接力服务，采取“列车防疫应急包”“防疫行程健康牌”“城市出行防疫信息卡”等系列疫情防控新举措。货运方面，大力实施专用线、专用铁路卸车能力提升工程，通过创新技术攻关，成功攻克翻车机卸敞车焦炭技术难题，卸车时间由每列8小时压缩至4小时，卸车效率大幅提升。研发大点车自动分析系统，实现自动计算、精准匹配、自动筛选等功能，提高了运输组织效率。在厚植外部合作上下游命运共同体、货运系统信息技术应

运输繁忙的济铁临沂物流园区（绘图／徐思嘉）

用和地方政府“公转铁”政策“三项建设”上，持续加大货运联盟创新发展力度。优化货运业务办理模式，将“一段一中心”的办理模式整合为“一局一中心”模式，即全局国铁 142 个、合资 26 个货运站的受理、制单、内交付、收入进款、理赔等业务全部实施集中办理，实现“让信息多跑路、企业货主少跑腿”，为客户带来更好的服务体验。

2022 年 6 月 14 日，满载青岛恒铁国际供应链有限责任公司进口的巴西原木的 100 个集装箱在黄岛济铁物流园集结成列，将发往 300 公里外的“物流之都”——临沂。不同往常的是，该班列全面接轨国际海运结算系统，“海铁公”多式联运实现“一单跨国”。

在临沂济铁物流园内，一列列搭载着瓷砖、建材、轮胎等货物的中欧班列有序发出。东向出海通道与西向内陆通道在此交会，沿着四通八达的铁路网络，当地企业的优质商品可以走出大山、走出国门。

中欧班列“有出有进”实现了常态化运行，新丝路上的“钢铁驼队”，托起畅通国内国际双循环的无限可能。截至 2022 年 6 月 14 日，临沂济铁物流园年内开行临沂至黄岛循环班列120列，开行中欧班列61列，同比增长5%。

6月，大莱龙铁路电气化扩能改造、邹平铁路专用线等建设项目相继投入运营。7月，物流园引进职业经理人团队试点、非运输企业岗位管理试点和职业发展新机制建设试点等改革举措逐步落地实施，济郑高铁和淄博、日照、东营等站改工程加快推进，济莱高铁、黄东联络线向着年内开通的目标不断迈进，充分发挥铁路建设对地方经济社会发展的支撑和拉动作用；打造“齐鲁之星”西藏专线团，助推山东文旅产业复苏……一件件大事、喜事引人关注，承载希望。

人才是第一资源。全面推进岗位管理，抓好三支队伍建设，是国铁济南局正在推进的又一项创新举措。青岛动车段作为试点单位，对三支人才队伍职业发展新机制建设进行了探索，按照管理、技术、技能三个序列，统筹设计三支队伍职业发展通道，通过加密序列层级、实施通道转换、完善薪酬体系，实现“多车道”并行，有效缓解晋升“堵点”，发挥各类人才作用。

他们将菏泽、即墨两个物流园作为物流园引进职业经理人团队试点，旨在突破目前发展梗阻，增强物流园发展活力。整体引进由总经理、副总经理及中层管理人员组成的职业经理人团队，最大限度发挥团队管理优势，坚持市场导向，突出机制创新，快速提升物流园创效能力和水平，有效提升了资产经营开发效益。

他们心系“职工所盼”，共创美好生活。职工食堂就餐“一卡通”系统投入使用，管内跨区域施工作业的干部职工可以一卡通用、“刷脸”就餐，实现跨地区、跨食堂就餐；针对常态化疫情防控、暑期健康等突出问题，各单位工会组织开展“暑期送健康”志愿服务行动，对职工药箱进行补充，为一线职工送上健康“大礼包”；离退休管理部借助社区资源，拓宽服务渠道，探索建立“单位协调、社区依托、志愿者服务为补充”的离休干部养老服务体系，及时掌握退休人员社会化管理后的生活情况。

思想创新全员大讨论开展后，国铁济南局各级组织聚焦职工的操心事、烦心事和揪心事，为职工办理一桩桩看得见、摸得着的好事、实事，亮了职工眼、暖了职工心。职工群众的获得感、幸福感和安全感持续增强，创造力、凝聚力、战斗力大大提升，在疫情防控、防洪防汛、货运增运增收大会战攻坚战等大考中交出出色答卷。

三、激活运输组织这盘“大棋”

运筹帷幄之中，决胜千里之外，方寸之间彰显国铁企业担当。

高效是国铁企业发展的重要标志。国铁济南局将“货畅天下”“通达四海”作为自己的座右铭，落实国铁担当，助力打赢“蓝天保卫战”，持续推进“公转铁”战略，着力在提高效率、效益上下功夫，深化运输组织变革，实现调度指挥前移，优化生产流程，下好运输组织“大棋”，实现提速增效。

济西站位于京沪、胶济和邯济铁路干线的交会处，是全国铁路七大路网性编组站之一，也是国铁济南局管内唯一的路网性编组站。5 公里的站场内有 155 条股道，密密麻麻的线路布满整个站场。南来北往、东奔西行的物资，每天有两万多辆货车在这里集结编组，再发向全国各地。

该站调度车间负责全站所有列车的到发和调车作业计划的编制以及下达工作，是车站的运输组织中枢。在整洁明亮的一体化调度指挥中心，一张张沉稳冷静的脸庞，面对调度屏幕的三尺平台，一招一式皆标准统一。这是济西站调度车间指挥中心调度员们每天工作的场景。这里就像车站的“大脑”，每天有上万条指令从这里发出，调度员们的职责是组织车站运输生产高效有序进行，确保铁路大动脉安全畅通。他们用赤诚丹心绘制出编组场“指挥官”的最美画卷。

为进一步提高路网的运输组织效率、释放货物运输潜能，更好地发挥编组站路网保障、管内支撑、区域服务功能，济西站调度车间把编开高质量货

全国路网枢纽：济西编组站场（绘图 / 刘军延）

调度指挥中心人员精心调度指挥（绘图 / 刘军延）

物列车视为国铁济南局节支、为中间站减负、为货主服务的大事，并且责无旁贷地做好，在 2019 年成立“1+e”高质量货物列车服务队，组织骨干深入到周边济南南、泺口等站实地调研，对枢纽各站车流、货物品名和收货人进行写实分析，研究细化管内列车编组方案。

截至目前，调度车间对管内 5 个区域采取 25 种不同的编组方案，高质量货物列车“朋友圈”已延伸到日照、董家口等站，实现了技术站多干活、中间站快作业的目的，大幅减少了管内区段站、中间站的调车作业次数，加快了货物中转速度。

2021 年，“1+e”高质量货物列车服务队被评为国铁济南局党内优质品牌。2022 年以来，车间日均编开高质量货物列车 28 列，日均减少机班运用 12.5 台次，减少中间站调车 91.7 钩，节约货车占用成本 8 万余元。4 月以来，“1+e”高质量货物列车服务队根据车流和兖石线沿途各站的实际情况，大力组织兖石线、新兖线一站直达和两站成组列车，使货物能够更加快速地到达卸车地点，到达时间整体压缩了 30% 以上，为运输畅通提供了坚实保障。

济西编组站就像物流分拣基地，而铁路运输被看作国民经济的“晴雨表”之一。近年来，由于疫情，各地很多公路物流转向铁路运输，调车作业量较平时多了 20%，每天约有 100 万吨各类物资在这里中转发往全国各地，有效保障了各类物资运输畅通。

济西站还与济南西机务段、济南西车辆段等单位协调配合，通过优化作业流程，完善作业场人员配备等方式，实现作业流程无缝衔接，从而减少机车在站停留时间，提高运输效率。目前，机车在站平均停留时间已由过去的 69.6 分钟降至 49.5 分钟，货物运输组织这盘“大棋”被全面激活。

一直以来，国铁济南局始终坚持国家铁路战略定位，坚定扛起国铁企业的政治责任和社会责任，一以贯之地把人民对美好生活的向往作为国铁企业的奋斗目标，主动对接山东区域发展战略，深化铁路供给侧改革，为山东经济社会发展注入澎湃动力。

新冠肺炎疫情蔓延期间，世界经济受到严重冲击，而铁路口岸与中欧班列作为我国发展对外贸易、深入实施“一带一路”倡议的前沿阵地，担负着扩大外贸和稳定经济的重要责任。国铁济南局努力克服疫情带来的各种难题，货物运输不仅没有停滞，反而连续多月实现逆势上扬，并最终普遍超额完成目标任务。与此同时，铁路货运的增长向世界释放出中国经济动能恢复的积极信号。

他们坚持以市场需求为导向，以统筹优化运输组织为抓手，在大宗货物运输、“公转铁”行动、多式联运、防汛救灾以及人民生产生活等方面兼顾全局、集中发力，努力保障国民经济平稳运行和人民群众生产生活需要，在帮助企业复工复产、深入实施货运增量行动、助力各地防汛救灾和灾后重建、加强货运基础设施建设等方面取得重大成就。尤其是铁路部门通过优化运输组织、实时对接区域内化肥生产企业和经销商、了解对接产品需求，加强种子、化肥、农药等春耕物资的运输组织，优化运力安排，开辟绿色通道，可以说为春耕生产送去了“及时雨”。

他们始终坚持开放、包容、合作、共赢的精神，认清形势、转变思路、深化改革、适应货运市场新常态，让铁路货运量一直在稳步增高。

2022年以来，在钢铁限产的大背景下，在多方争夺货源、提升货运发送量的前提下，由国铁济南局属下的济南铁路经营集团有限公司担负山东莱钢永锋钢铁有限公司螺纹钢、盘圆钢的物流发运项目，铁路发运量不降反增，截至目前，累计发运15399车、97.89万吨，同比增长5.36%，交出了一份增运上量的优异答卷。

其间的原因，不难解答——唯有诚心可品鉴，唯有实干可兴业。换位思考不难，难在将货主的利益也看成自己的利益，难在如何谋划共赢的局面并推而广之。

济南铁路经营集团坚持把物流服务做到客户发运前端，就是思货主之所思，尽最大所能，为货主排忧解难。铁路端紧跟客户步伐，坚持客户的市场开拓到哪里，就把全程物流服务提供到哪里。如何提供？客户需要不需要提供？这些都是国铁济南局面临的现实问题。

为此，济南铁路经营集团主动融入客户“产、运、销”各个环节，以更加周到细致的服务稳住客户、留住客户。如何留，也是问题。山东莱钢永锋钢铁有限公司作为省内从事钢铁冶金行业的大型企业，是济南铁路经营集团的重要客户，其钢材的铁路运输业务均由枣园经营部负责。2022 年第 3 季度，山东莱钢永锋钢铁有限公司提出增加史口、淄博、莱钢、杨屯等 4 个到站的需求后，枣园经营部积极对接，做到“客户有需求、我们有服务”，确保了新增到站的成功开发。经营部经理王海银介绍，新增 4 个到站的前期开发并不顺利，以莱钢站为例，试发运结束后，经测算，物流总成本要比汽运价格高。为应对存在的困难，他们与卸车地专用线展开了多轮谈判，最终促成这一到站发运业务。

以客户需求为导向，实施仓储前移，是他们运作永锋项目的一次重要突破。他们以永锋晏城总厂和临港厂区为基点，在其主要销售区域，与永锋共同建立临沂东、即墨、福山、兴卫村、万寨、峨桥等区域仓储库区，通过短搬汽运配送，打通高效销运网络。

为保障钢材高效运输，他们安排骨干力量做好物流运输值班工作，盯紧请求车、承认车等信息提报——请求车是铁路货运装运前提报的请求车皮计划，承认车是铁路同意提报的请求计划下拨的车皮。与此同时，国铁济南局经营集团分别前往各到站，协调运输组织，实时反馈信息。

在生产环节，他们及时对接永锋销售部门，实时掌握其产品、产量等信息，利用集团公司货运电子地图优势，进行 SWOT 综合信息分析评判，共享市场行情动态；在运输环节，他们利用公铁、海铁联运成熟运作经验，畅通信息渠道，实时为客户提供最优物流运输路径；在销售环节，由于山东莱钢永锋钢铁有限公司在各地区的销售是通过地区代理商完成的，他们通过永锋与代理商建立联盟关系，了解其对外销售价格，掌握可调控利润空间的上、下限，在提高业务整体发运量的同时，提高铁路运输收入。

在各环节密切配合下，济南铁路经营集团不仅使永峰钢厂发运厂区转换实现平稳过渡，还使其综合运输效率提升近 22%。预计永峰钢厂 2023 年钢材年发运量将提高 12.8 万吨，增收近 550 万元。

疫情不能阻止中国社会前进的步伐。不可否认，新冠肺炎疫情给我国社会经济发展带来了暂时性的阻力，但全国上下万众一心，众志成城，各行各业迅速适应疫情防控形势，济铁人逆风前行，提升客运服务，推进货运上量，全面推动复工复产。

同时，国铁济南局不断深挖运输潜力，优化货物列车开行线路，扩大万

中欧班列，走向世界（绘图 / 袁昊）

吨重载列车开行范围，以高效的生产组织促进货运上量，为铁路货运增量行动提供可靠的运力保障。

铁路部门当下实行大宗货物运输和零散货物运输两手抓，助力地方日用百货等物资运输，恢复开行各种班列，扩大开行规模。另外，铁路部门不断优化管理模式和运输组织流程，加强与海关等部门的沟通配合，提高放关交车效率，既保障了铁路口岸运输通畅，又实现了生产效率的最大化。

从环境方面来说，火车运输代替污染较大的公路运输，在切实提升陆路运量、发挥货物运输主力军的同时，也毅然承担起了在污染防治攻坚战中应尽的责任。

值得肯定的是，当货主将目光从公路运输转向铁路运输时，不仅降低了运输成本，也减少了柴油货车使用，从而在很大程度上改善了空气质量。铁路货运凭借低成本、低排放、大运量等优势，在满足货主发货需求之际，进而实现了为货运增量“提速加码”。

从实从细，持续推进“公转铁”项目落实落地。国铁济南局以落实山东省新一轮“四减四增”三年行动方案为契机，坚持“路地联手、多方联动”，从实从细制订“公转铁”项目推进实施方案，按照全覆盖、无遗漏原则，货运部采取分区包片措施，梳理明确管内“公转铁”项目落实单位。积极对接当地政府主管部门，逐步建立起由地方发改委、交通局、环保局、商务局等主管部门参与的市、县（区）两级“公转铁”工作专班，充分借鉴济南市、安阳市“公转铁”协同推进经验，全面争取各地政策支持，货运系统干部职工主动走访企业，摸清“公转铁”新货源、新去向的潜在需求，想方设法制定运力保障措施，为远期运量稳步增长打好提前量。

以“公转铁”为契机，迎头赶上，以实干、苦干精神照亮货运增量的进程。国铁济南局组织货运部门动态掌握市场需求变化，重点强化与港口、能源、钢铁、化工大型企业的运输市场信息共享互通，通过推进路企合署办公，加大到港船期、港存货源、公路集疏港动态、企业生产运输需求、疫情变化影响等生产运输信息共享力度，力保协议运量按期如数完成。同时，有针对性地对需求量大、装车集中的客户加大空车空箱调配力度，增加机车投入，配足列检人员，提高车辆输送效率，合理均衡配空，保证装车兑现率稳步提高。争取地方对重点客户缩短搬车辆通行证的申办支持，保证货物短途搬运紧跟铁路装卸车组织。同时，完善装卸车应急预案。

高效卸车是装车增量的重要前提和保障，国铁济南局货运系统紧盯接卸提效，各级货运部门严格遵守“一卸、二排、三装车”运输原则，持续提高管内装卸车效率，形成运输组织良性循环。通过掌握生产信息，实时响应企业需求，逐步实现“菜单制”均衡输送，保持运输高效有序。充分挖掘港口增量潜力，重点加强日照港口站装车增量能力，灵活运用“日照南站—日照港—日照站”内外双循环的优势，持续优化日照港区空重车循环和运力配置，提高港口装卸车能力。加强电煤、矿石、粮食等重点物资到达信息的动态掌握，及时协调装车站均衡发送，尽最大可能避免管内卸车站集中到达，影响装车。

为保障货运增量态势的良好运转，小站也未因其小而忽略了大局观。

京沪线上的平原站算不上大站，就像是千里铁道线上的一个点。但是他们并不以站小而不为，而是以“管控智能化、制度目录化、备品清单化、物品定置化”为主要实干思路，大力开展标准化建设，建成车务系统中内实外美的样板车站。团队实干精神的发扬，让这个百年小站焕发出勃勃生机。

平常，平原站凭借调车行为分析系统——动态作业回放和电台监听、分析等手段，站台端部防侵入系统——防止闲杂人员进入站区线路等危险地段的监控语音提示，以及站区监控系统等，保证多方面的工作安全，无论停留车辆溜逸、铁鞋被盗，还是铁鞋与轮缘出现一丁点缝隙，行车人员会第一时间知道。铁鞋是用来防止火车溜车的止轮工具，为达到最佳止轮效果，车务系统要求作业人员进行止轮作业时，一定要将铁鞋与车轮接触面紧密贴实。

如果马虎大意了，没贴实，行车班组就能第一时间获得报警提醒，及时提醒作业人员重新安放铁鞋，从而消除安全隐患。这只是行车作业实干精神团队发挥作用的事例之一。

平原站还细化接发列车、调车基本作业和应急处置标准，将操作标准具体到每个动作和用语；集合机务、车务、工务、电务、车辆各系统的有效规章，编制各岗位规章拔萃“口袋书”，以便职工学习掌握。针对业务素质参差不齐、新入职人员多等实际情况，他们试行学校教学模式，分工种编制《必知必会》《应知应会》《拓展提升》三级教材，让职工操作有章可循，使职工走向会工作、懂工作、实实在在干工作的良性发展轨道。小站的点畅通了，就形成了一个又一个畅通无阻的面，为货运增量提供了循环顺流，为铁路大物流奉献了小站作用。

春节期间，奔跑在欧亚大陆间的中欧班列一如往常地繁忙。正月初二，山东“齐鲁号”欧亚班列（中国济南—芬兰赫尔辛基）由济南南站发出，搭载着防疫物资、汽车机械配件、日用百货等货物，驶向芬兰，这是“齐鲁号”欧亚班列首次将运营线路延伸至北欧国家。

秦晋是国铁济南局济南车务段济南南站的一名货运值班员，中欧班列的验箱工作是她的主要工作之一，她的工作还包括查验实际货物与计划是否一致、货物是否加固到位等。由于工作中要将每个集装箱都开箱检验，她被同事称为“开箱达人”。

这位“开箱达人”在检验货物、确保稳固运输的同时，也见证着“中国制造”走向海外。“我毕业于英国北安普顿大学。在我们投资学的课堂上，老师常拿中国经济举例，赞扬我们国家的发展速度。”秦晋一脸自豪地说。

2015 年回国后，秦晋来到济南南站工作，成为一名货运值班员。“在济南南站工作的这些年，我看到了中欧班列的蓬勃发展。如今，自己从事的工作就是把一批批中国制造的物品发往欧洲各个国家。”秦晋说，这一方面让她感到岗位责任重大，另一方面又让她有很强的荣誉感。

短短几年来，济南南站开行中欧班列的数量变化巨大。2017 年 8 月，济南南站开行了首班中欧班列，那一年，济南南站共开行中欧班列 14 列。到了 2020 年，济南南站开行的中欧、中亚班列数量达到 179 列，班列由最初仅到达俄罗斯莫斯科，逐步开行至白俄罗斯明斯克、匈牙利布达佩斯、荷兰芬洛、芬兰赫尔辛基等地。

“仔细算来，从中欧班列开行以来，经我手查验的集装箱有 7000 多个。”秦晋说，中欧班列集装箱内货物种类繁多，在几年时间里，她看到“中国制造”在海外越来越受欢迎。像海尔白色家电、长城哈弗汽车、中国重汽自卸车、潍柴动力发动机以及国产的激光切割机等大型机械设备，近两年来在中欧班列集装箱里越来越多，还有多趟“海尔专列”“中国重汽专列”发往海外。

让秦晋感到自豪的是，2020 年新冠疫情暴发后，班列发送货物中增加了国产口罩、隔离衣、医疗病床、呼吸机等防疫物资，从山东到欧洲建起了一条防疫物资运输“大动脉”。

进入 2021 年以来，山东“齐鲁号”欧亚班列的运行态势持续走高。2022 年 1 月，“齐鲁号”欧亚班列开行 118 列，同比增长 45.7%；进出口货值约 13 亿元，增长 205.2%。

“班列上的每一箱货物，都像是一张张发往世界各地的名片，展示着中国魅力。”秦晋说，每每这样想着，就觉得自己身上的责任更重了。

这是满足人民新向往的时代。新社会理想创立之初，马克思就说过，未来社会生产将以所有的人富裕为目的。新中国成立之初，毛泽东同志也曾说，“这个富，是共同的富，这个强，是共同的强，大家都有份”。

2021 年 6 月 7 日，济南铁路经营集团有限公司莱芜分公司鲁中基地迎来第七个生日。一个当初由 8 人组成的团队，在济南市莱芜区郊外一隅，经过 7 年的摸爬滚打，让原本近乎废弃的铁路专用线货场重获新生，从零收入做到 1.5

亿元营收，从荒草丛生到欣欣向荣，通过参建参管，继而做强做大，他们在这里闯出一条硬核创业路。

走进基地，映入眼帘的是红褐色的水泥路面。在喷淋系统的环保降尘下，路面随处可见的小水洼中，倒映着作业区列车、重卡、装载机，好一派繁忙生产的红火图景！

莱芜分公司党支部书记、经理刘珂介绍说，基地前身是鲁中矿业有限公司铁路车间，于1980年建成并投入使用。20多年的风雨经营，铁路车间并未发挥出其应有作用。由于鲁中矿业有限公司自产铁精粉绝大部分通过汽运销往附近钢厂，通过铁路外销发运量较少，车间处于闲置状态，效益较差，致使被迫停产，100多名职工被安置分流。

困境同样出现在莱芜分公司。他们于2013年成立，面对空白市场，由于物流营销刚刚起步，一直以做小井煤、贸易煤等物流业务而小打小闹地经营。个体户发运量小且需求不稳定，缺少核心业务支撑。如何突破困局，继而做强做大，成为摆在他们面前的难题。

一次偶然的机会，时任莱芜分公司经理李传星在走访企业客户时得知，鲁中矿业有限公司因生产布局调整，有再次盘活专用铁路的想法。李传星当即意识到，这是不可多得的一次合作经营商机，分公司或将迎来发展的春天。

抓住机会，说干就干。他立刻上门找到鲁中矿业有限公司有关部门，主动递出合作开发铁路专用线的橄榄枝。但事与愿违，当对方听说他们是成立不久且只有8个人的小单位时，便心存疑虑，虽反复交流多次，但进展情况仍不乐观。“这是一个好项目，对做强做大莱芜分公司是一次机会，再难也要攻下来！”李传星回忆道。

他们随即对周边钢厂进行走访，详细了解矿石年需求量，对从港口装车、到达专用线卸车、汽运短驳等环节运费进行测算，设计“成本共摊、利益共享”的参建参管合作方案。李传星带领业务骨干找准时机，当面拜访时任鲁中矿业有限公司党委书记刘德忠。事后，双方针对合作细节等进行多轮洽谈，成功签订战略合作协议。

据悉，在该合作项目中，双方本着“统一规划、分步实施，大宗启动、多元拓展”的思路，发挥各自优势，共同出资对现有货场进行改造——将货场作业区地面整体下挖1米，把原本平货位货场改为低货位货场，形成接卸能力100万吨的货位；对铁路专用线整体维护整修，硬化处理基地路面，升级改造照明设备，安装防尘网、喷淋系统和洗车机等环保设施。

参建参管鲁中基地后，双方确定，由鲁中矿业有限公司负责提供经营场地以及机车牵引、车辆取送、设施维护；由莱芜分公司对基地统一经营，负责山东泰山钢铁集团铁矿石物流总包经营和基地装卸业务；基地作业利润六四分成，双方确认后按月结算。

万事开头难。在基地运营初期，他们克服头绪多、时间紧、任务重和生产生活条件极不便利等难题，兵分三路，拉着折叠床，扛着方便面，分别进驻港口、车站和鲁中基地，连续一个月吃住在作业现场。他们做好矿石装车、发运等物流组织对接，完成作业标准制定和作业人员培训上岗等一系列工作，硬是在繁杂的工作中捋出头绪，在陌生的环境下开辟出新天地。

据时任鲁中基地主任刘茂盛介绍，2015年3月，当第一列从港口发出的铁矿石列车到达基地时，现场热闹非凡，很多过去在铁路车间工作的鲁中矿业职工纷纷前来围观拍照，十分激动。

如今，8年时光已匆匆而过，双方严格按照协议分工，履行各自义务，默契配合，愉快合作。莱芜分公司所运营的鲁中基地，在山东泰山钢铁集团矿石物流占比从28%提升至74%；鲁中矿业有限公司自产铁精粉的物流占比也从33%提升至55%。2021年，分公司实现经营收入超1.5亿元，创历史新高。

近年来，由于市场变化和“公转铁”政策导向，双方共同开发了多个全程物流项目，黄岛、董家口至山东泰山钢铁集团有限公司铁矿石到达业务有望突破 260 万吨；鲁中基地至石横特钢集团的铁精粉发运业务将实现 45 万吨发运量；新开发鲁中至成都局管内遂宁南的卷钢发运业务将开始组织运作。

莱芜分公司立足打造高质量精品基地这一目标，向鲁中矿业有限公司提出对装车线修复延长的建议。通过延长外货场线路 400 米，线路两侧硬化货位两万平方米，利用鲁中矿业闲置厂房建设煤炭密闭大棚，可实现基地货场增加 120 万吨敞车或集装箱到发能力，从而有效解决铁路发运增量的难题。目前，双方已经确认共同出资对现有货场进行扩能改造，前期规划已经完成，此后将进一步释放鲁中基地的产能，合作前景更加广阔。

合作才能共赢。对于莱芜分公司，通过参建参管鲁中基地，盘活了铁路货场专用线，使分公司形成以基地为核心，对外全面拓展物流经营项目的发展新气象；对于鲁中矿业有限公司，由于基地创效能力不断提升，企业效益得到提高，职工收入稳步增长；对于主要合作伙伴山东泰山钢铁集团，鲁中基地的发展解决了他们对于铁矿石等原材料物流需求运力不足的难题，基地已然成为打通钢铁企业物流“最后 100 米”的前哨站。

据了解，2022 年以来，鲁中基地完成货物到发量达 132.98 万吨，实现经营收入 7552 万元，同比增长分别超过 20.52%、30.8%。

棋局布定，落子有声。国铁济南局的担当作为引领企业的高效发展，在运输组织变革实际行动下，释放出潜能红利，其强劲势头不可阻挡。

四、火车就是用来奔跑的

“岁月不居，时节如流。”这个时代变化太快，当它奔向前方的时候，甚至连一句“再见”都不会说。我们唯有不断地奋斗，不断地创新，才能跟上这个时代、引领这个时代。

综观国内外取得成功的企业，其成功的因素有很多种，但是唯有创新才是发展的硬道理。在当今飞速发展的时代，持续创新、持续奔跑显得尤为重要。

对于华为这家公司，相信大家都不陌生。它是中国最具传奇色彩的民营企业，是全球通信设备商中的佼佼者，也是“世界500强”中少有的非上市公司。这些年来，随着华为通信产品在全球热销以及美国制裁事件的发酵，华为知名度不断扩大，成为世界媒体和公众长期关注的焦点。

欧洲一家通信制造商的一位高管，曾在一个非正式场合这样说道，过去20多年全球通信行业的最大事件是华为的意外崛起。华为以价格和技术的“破坏性创新”，彻底颠覆了通信产业的传统格局，从而让世界绝大多数普通人都能享受到低价、优质的服务。在保证低价格的情况下又有优质的服务已属不易，与此同时，华为还保证了自己的创新研发不落后。华为从成立之初对通信核心网络技术的研究和开发到如今的锋芒毕露，都离不开其自主式的核心创造力。

特别值得一提的是，尽管遭受着欧美国家的无理制裁和恶意打压，但是华为2021年的排名逆势上升，从上一年的第49位升至第44位。2022年华为在国际权威品牌价值评估机构GYBrand发布的全球最具价值品牌500强榜单上跻身前5名，品牌估值超过1300亿美元。

毫无疑问，华为是中国企业奔跑创新的成功典范，也是中国企业发展的一张名片。一个企业，只有牢牢把握创新发展的主动权，才能在持续奔跑中发挥优势、把握主动、赢得未来。

面对世纪疫情和百年变局相互交织的时代背景，国铁济南局深入贯彻落实高质量发展要求，以深化供给侧结构性改革为主线，以改革创新为根本动力，聚焦主责主业，不断推进国铁企业治理体系和治理能力现代化，做强、做优、做大国铁企业和国铁资本。

在持续奔跑的征程上，他们以增强企业活力、提高效率效益为中心，以思想观念创新为先导，以技术创新为关键，以体制机制和方法手段创新为重点，破解发展难题、激发内生动力，持续深化运输组织变革，进一步夯实了高质量发展基础。

他们围绕提高运输效率的探索持续深入。探索大机务生产调度指挥管理和动车专业管理模式，最大限度释放运输潜能、提升生产效率。主导运输系统牢固树立全局运输一盘棋思想，持续优化运输组织，推动卸车变革，全局各项运输指标不断刷新纪录。

蔺家楼站就是国铁济南局运输组织变革的一个生动案例。蔺家楼站是济南车务段管辖的三等站，主要担负山东九羊集团及鲁中矿业有限公司矿粉、煤炭等货物的到发业务。他们深化路企协作，推动作业组织革新，九羊专用线卸车效率增长两倍多。

他们在全国铁路首创“一站两场”联合调度指挥模式，将国铁站区运输指挥中心由蔺家楼站调整至企业专用线车站——九羊站，九羊站车站值班员主导专用线运输组织，蔺家楼站车站值班员按照九羊站的卸车组织需求办理接发列车，合理安排机车，卸车组织精准性大幅提高。

同时，他们还创新平行作业，实现提速增效。以往，九羊站卸车作业各环节按部就班、首尾相接，厂内不同工种常出现怠工现象。国铁济南局专班人员将卸车作业链条逐项拆解，通过理论计算、现场写实，汇总分析哪些环节用时过长，能否采取平行作业、提前联系、增加设备和人员等提效措施，再造双方作业流程。现在，九羊站卸车过程中，敞车车门开关、扒料机作业、车辆清底、货运外勤看车等多个环节采用平行作业方式进行，1 列矿粉卸车用时 100 分钟，较以往压缩 75 分钟。

另外，他们实施优化车辆取送对位，实行“双机车循环作业”。以往，整列矿粉由机车从蔺家楼站牵引进入九羊站对位，卸车前要先完成机车转线、车辆防溜、二次转线对位等辅助作业，时间长达 1.5 小时。现在，机车从蔺家楼站顶送车列进入九羊站，卸车人员不需要等待，实现了一次对位、直接卸车。同时，国铁济南局为蔺家楼站增加机车 1 台，推行“双机车循环作业”，作业效率进一步提高。

小站“蝶变”的背后，是国铁济南局立足实际，勇于办实事、开新局的一次创新实践。随后，“蔺家楼案例”在国铁济南局管内“遍地开花”，湖屯、晏城、沙土集、茌平、兖州北、邹城、桓台、潍坊东、烟台、日照等车站成效显著。湖屯站借鉴“蔺家楼案例”，在行车设备和人员均没有发生变化的条件下，卸车增幅达到100%以上。晏城站借鉴“蔺家楼案例”的平行作业、联合检车、人工分组作业等方法，单月卸车量达到92.38万吨，创历史最高纪录。日照站借鉴“蔺家楼案例”，创建“路港集疏运指挥中心”品牌，实施“双进双出”运输组织模式，搭建站港现车系统统一平台，装卸车数同比均实现大幅增长，停时指标大幅压缩；2022年10月2日日照站实现装车4422车，2023年3月13日卸车2744车，均创历史新高。“蔺家楼案例”已成为“智慧济铁”“高效济铁”建设的重要成果，在运输生产中发挥着积极作用。

为进一步释放运输潜能、提升生产效率，国铁济南局全面推行“全局一台车、一个人、整备一盘棋”机务生产组织新模式，就是打破各机务段之间的界限，实现机车交路贯通、机车全局共用。

“全局一台车”，就是对客、货运机车交路进一步优化调整，最大限度释放运输潜能。货运电力机车可连续担当局管内各线交路，在各编组站、技术站使用不分配属段别，实现了机车全局通用。胶济线机车由东风站经由大北环直通聊城北站、德州站，减少济西站解编和机车换挂作业，列均节约济西站中转作业时间6小时。

“全局一个人”，是指优化胶新线、青盐线乘务员换乘交路，增加临沂站周边换乘。这样既能解决胶新线长距离乘务员趟车超劳问题，又能满足技术站集中开车需求。兖石线机班统一使用，均衡了临沂运用和兖州运一车间的每月劳动时间，消除乘务员对向便乘，两车间月度便乘时间减少2378小时，相当于年节省机车乘务员14人。采取以莱芜东为支点，优化机班、车流、机车匹配的单向值乘方式，日均减少 5 个方向乘务员便乘 10 班。

而“整备一盘棋”，则是国铁济南局调度所与各机务段密切联系，实时盯控机车走行公里，合理安排交路，充分利用济南、济南西、兖州北、蓝村西 4 个整备场的整备能力，降低机车回段入库频次，增加机车直通、机班继乘交路，减少出入库走行，节约了大量的辅助劳动力和劳动时间。

目前，国铁济南局管内动、客、货乘务区段，在京沪、济青、京九等 9 条主要干线基本实现两个以上车间或车队共同值乘，交路交叉覆盖，人员相互弥补、动态可调。“全局一台车、全局一个人、整备一盘棋”的新生产格局初步形成，进一步释放了运潜能，劳动生产效率大幅提升。

“火车跑得快，全靠车头带。”瓦日线被誉为“黄金通道”，是世界上第一条按 30 吨轴重重载标准建设的铁路，也是我国西煤东运的三条主要线路之一。这趟列车全程为从山西吕梁至山东日照，横贯晋豫鲁三省，蜿蜒 1269 公里。

重载列车奔驰在瓦日铁路（绘图 / 刘军延）

2018年1月18日，第一列单元万吨列车在瓦日线正式开行，山东迎来首趟万吨重载列车；2020年4月10日，瓦日铁路重载列车再次升级，由1万吨升级到1.2万吨，一年可多运电煤近500万吨。

鲁中山区、东海之滨，海连着山，山接着岭，对开行万吨以上的列车是天然的考验。连续的起伏坡道和大下坡道，对于需要平稳操纵、减少冲动的万吨重载列车而言，困难重重。而由1万吨升级到1.2万吨，这增重的2000吨，可不是小事。

“坡道多、桥隧多、区间长”是这条线路的特点。重载之上再添重载，增量20%，在高坡峡谷、线路纵断面复杂的条件下，要想操纵平稳、控速精准、停车准确，困难重重。刚过30岁的济南西机务段兖州运用车间司机李敏，就是这个区段驾驶重载列车的行家。他曾担当万吨增量试验，并承担开通后首趟任务。区段内，有一个坡度达千分之六、长度近23公里的瓶颈，李敏领衔“青年突击队”钻研了7个昼夜，根据本区段的实际情况，制定出适合瓦日线起车起伏坡道控速、峰谷线路运行等模块操纵作业法，上线试验后效果良好。他发动身边新入路的青年大学生，发挥聪明才智，制作可随时观看的视频和PPT课件，为车队300多名乘务员的标准化操作培训打下基础。

当优秀经验成为严格标准后，整个团队的技能水涨船高，列车越开越顺。近3年来，瓦日万吨重载列车共牵引电煤列车6000多趟，货物总重6300多万吨。一趟趟满载的万吨列车，为山东经济发展“运”来源源不断的发展动力，对于支撑山东及周边地区煤运需求具有十分重要的意义。

为进一步释放通道能力，国铁济南局聚焦解“难点”、通“堵点”、除“痛点”，不断优化内部挖潜举措和运输组织管理，运输效率不断提升。

近年来，随着开往日照的煤炭列车趟数不断增加，如何提升接卸能力成为车站的一大难题。面对有限的煤炭堆场面积、卸车机具和调车作业能力，他们树立全路一盘棋“大运输”理念，面对困难，创新思维，主动破题，打

铁港联运，无缝衔接，构建综合立体运输网（绘图 / 徐思嘉）

出“解‘难点’、通‘堵点’、除‘痛点’”三套组合拳，日照站接卸能力实现大幅提升。

他们聚焦“难点”，组织货运、运输、调度等部门多次开展作业流程写实和现场调研，优化调整站港运输组织布局。他们实施“新开辟 + 整合”方案，协调日照港在石臼港区西区新开辟 20 万吨焦炭存储场地，在南区新开辟 40 万吨煤炭存储场地，对相近货种、装船尾货、易塌垛位进行“三项合并”，优化堆场合理布局，大幅提升煤炭堆存能力。

他们聚焦“堵点”，深化车站、港口协作，推行站港物流调度指挥一体化。2021 年 10 月，日照站站港间现车系统信息共享正式切换成功，站港生产信息流实现双向自动互联互通，原来每天需要人工挑选 3000 余辆现车信息变为系统自动提取，编组质量正确率由91%提升至100%。在信息互通的基础上，国铁济南局通过创新攻关，让技术作业大表顺利实现“本地化”，列车运行图、编组单、进出港计划、装卸作业进度等铁路图表与港口生产数据由“独立”变为“互通”，生产管理进入“融合联盟”的新格局。

“港内运行距离长、单口进出”是影响卸车效率的“痛点”之一，国铁济南局本着“易南则南、易北则北、灵活畅通”的原则，将石臼港区的南区、西区装卸作业车，统一调整到经由日照南站进出，大幅提高“点内循环”效率；打通瓦日线、兖石线外围机车交路，形成“兖石线日照站—日照港—瓦日线日照南站”灵活的外循环，释放线上通道能力，在运输组织上实现日照站、日照南站和日照港“双进双出”的高效畅通模式，预计日照站全年煤炭接卸突破4000万吨。

同时，国铁济南局还针对客货运输需求，不断优化调整列车开行方案，提升服务品质。在2022年春运期间，国铁济南局根据客票预售大数据和客流需求研判情况，精准安排运力，实施“一日一图”，确保旅客平安、健康、有序出行。确保运能供应，充分运用日兰高铁曲庄段新线新运能、发挥山东环线高铁联结高效作用，节前安排长编列车7对、重联列车28对，对东营、曹县、菏泽等方向部分普速列车实施加挂；节后重点时段恢复开行列车13对，重联列车43.5对，普速列车加挂13对，安排加开青岛北至曹县动集列车1对，有力、有效满足旅客出行需求。保障复工复学，采取“务工专列”等运输组织模式，为兖州、聊城等地区务工人员提供多批次包车服务。适应疫情防控条件下旅客出行规律，实施延长网上售票改签服务时间，上线临时电子身份证明等服务新举措，严格落实各项防控措施，充分满足旅客出行和疫情防控的双重需要。

在火车的持续奔跑中，国铁济南局客运供给侧改革加快推进。他们全力实施客运提质计划，实施“复兴号”品牌战略，优化日常图、周末图、高峰图开源引流，满足不同群体精准开车，注入智慧元素、建设精品车站、打造服务品牌等，持续改善旅客出行体验。一项项不断推出的“客运提质”服务举措，让旅客出行有了更强的获得感和幸福感。从沂蒙山区到渤海之滨，从泰山脚下到黄河之畔，快速发展的山东高铁不仅汇聚了成千上万、累以亿计的客流，更成为传播以儒学为重要精神资源的中华优秀传统文化的创新载体，成为人们感受山东发展、山东形象、山东温度的时代窗口。

济南站拓展“高铁儒行”服务品牌，秉承“不以善小而不为”的服务宗旨，整合管内曲阜东等 5 个高铁站，推出“母爱 10 平方”、“敬慈乐吧”、条形码行李寄存等特色服务，营造让旅客心情愉悦的候车环境。同时，他们推进实施“潮汐式”工作法，根据客流情况动态调整人员设备，畅通安检和验证验票通道，增设快速进站绿色通道，真正使旅客在购票、进站、候车、乘降、出站等各个环节，既感受到浓浓的儒家文化氛围，又能顺畅出行。他们还在车站内设置全国首个“复兴号”展示区，为来往的候车旅客介绍以“复兴号”列车为代表的中国铁路机车发展历史，让旅客出行体验更美好。

他们还坚持“慧心暖途、仁爱传承”服务理念，精心打造“孜慧”客服中心。车站以旅客满意为主旋律，以工作零失误为目标，实行首问负责、首诉负责、首帮负责机制，坚持做到卫生防疫措施全、温馨提示内容全、解决困难方法全、重点服务细节全，为特需旅客提供免费充电、免费药品、免费毛毯、免费热茶、免费餐吧等服务，在 B6–B7 饮水处倾心打造“爱心小吧台”，为自带饮、食品的旅客提供温馨、舒适的就餐环境。针对老年旅客、脱网人群，车站精心组织，为他们安排专人购票、专口进站、专区候车、专人引导、站台专控、专口出站的六项专属服务，旅客服务品质进一步提升。

青岛站将“阳光家园”服务品牌加速融入青岛市“智慧城市”“智慧交通”进程，以“智能、创新、便捷、文化、舒适”的服务理念，推进信息化、智能化建设。站内的精准导航系统让旅客可实时查询候车地点、检票口位置、乘车站台等路径信息，精确度能达到两米以内。在站内的无人超市，旅客只需通过微信扫描二维码即可打开无人超市大门，自助选购商品。车站休闲区的共享按摩座椅，让旅客充分利用候车时间消除疲劳。旅客对车站服务有意见或建议，只需在旅客评价机留言，意见就会实时传递到车站。工作人员会第一时间与之沟通，使旅客“留下意见，带走满意”。青岛站以人为本，彰显服务品质，使“阳光家园”老品牌焕发了新颜，实现了普遍性服务自助化、智能化。

济铁旅行服务公司推出的“多彩旅程”服务特色品牌，搭建 OTO 商业营销平台（指将线下的商务机会与互联网结合，让互联网成为线下交易的平台），引入现代化集成信息管理系统 ERP（一般指企业资源计划），不断延伸服务项目，丰富旅客旅行生活。“多彩旅程”手机 APP 和“多彩旅程购物”微信公众号使旅客享受到“互联网 +”时代的智能服务；“多彩旅程驿站——自营店”“多彩旅程——休闲港湾”等服务，让旅客感受到“多彩旅程”无处不在的服务。

在国铁济南局举行的“这十年 · 国铁济南局”媒体见面会上，来自青岛北站客运车间的女值班站长王程程，分享了一个她在被旅客误解后却有些自豪的故事。时间回溯到 2020 年“国庆节”前的一天，她在候车室组织 G6976 次列车检票作业的时候，一位中年男性旅客对她严肃地说：“我要郑重地给您反映个情况，青岛北站是青岛乃至山东重要的窗口，你们候车室的显示屏怎么会出现如此低级的错误？”他指了指显示屏，说：“这里打出的现在检票的车次，是青岛北到青岛北的 G6976，怎么会是‘青岛北’到‘青岛北’？你们打错了吧！”王程程表示，这个并没有打错。“这个 G6976 是我们新加开的车次，就是由青岛北开往青岛北，只不过它是青岛北站始发后，经由济青高铁线到达济南站，再经由曲阜东和日照站，最后开回青岛北站。我们把它叫作‘齐鲁环行高铁’，像这样的‘环行高铁’，我们济南局在调图后开行了8列，不光有‘青岛北到青岛北’的，还有‘临沂北到临沂北’的、‘济南西到济南西’的等。”这场误解化解的背后，是山东人民出行质量不断完善、不断提升的民生温度。

青岛客运段广州车队以打造精品列车为主线，以满足旅客对美好旅途的向往为己任。他们创新提炼车队、班组独具特色的做法，如一组“便民服务百宝箱”，二组“多国语言翻译器”，三组“儿童爱心枕”，四组“重点旅客呼叫器”“行李箱标示牌”，等等，并将之编辑形成图文并茂的《广州车队精品列车工作指导手册》；在各班组中开展“开精品车、上精品岗、干精品活”创建活动，每季度评选服务明星、优秀文化个案、“服务金点子”活动和党员安全擂台揭榜攻关活动。一项项以旅客为中心的服务举措，赢得了旅客和社会各界的一致好评。青岛客运段广州车队因此先后获得“全国质量信得过班组”“全路青年安全示范岗”“山东省十佳铁路文明窗口”等荣誉称号。

如今，国铁济南局旅客列车开行总数大幅增长，增加到475.5对，其中高铁动车367.5对，2021年动车组旅客发送量占比达到71.1%。人民群众出行已经由以往“走得了”转向了现在的“走得好”。

唯改革者进，唯创新者强，唯改革创新者胜。在这一段段创新发展的不凡历程中，一些多年来束缚济南局发展的体制、机制问题不断被突破，运输组织协同高效，各类要素活力得到充分激发。这不仅完善了区域综合交通运输体系，让人民群众体验到更美好的旅行生活，更为山东新时代现代化强省建设贡献了济铁力量。

然而，前行的步伐并未停止，他们的心一直在路上。如果说这一站的结束是为了下一站的重逢，那么，时刻等待下一个新起点的他们，便是开辟另一番新天地的“复兴号”。

就这样，他们始终追随火车的方向，让奔跑成为一种习惯……

五、千里江陵一日还

“朝辞白帝彩云间，千里江陵一日还。两岸猿声啼不住，轻舟已过万重山。”这是出自唐朝诗人李白《早发白帝城》的诗句。

李白被同时代的诗人贺知章称为“谪仙人”，也就是被贬入人间的“诗仙”。当时，李白为了见一见贺知章，确实受了不少苦，因为那时没有火车，也没有汽车。李白年少时爱游历四方，说他好旅游似乎不准确，说他四处宣扬自己的才华可能更恰当。在那个交通不便利的年代，要铁路没铁路，要汽车没汽车，要飞机没飞机，你整天背着把剑，满世界溜达，难道不累？不累是假的，但是，李白的诗名到处流传也是真的。想想，要是李白到了现代，他这才华得满世界流传。一晃，已是千百年。

还看今朝。齐鲁大地也曾留下李白游历的足迹。如果他穿越到现代，定然会诗兴大发，再次高歌一曲。

近年来，国铁济南局对标构建现代化基础设施体系的战略部署，突出联网、补网、强链，高质量推进铁路建设，围绕加快“交通强国”山东示范区建设，以打造“轨道上的山东”为目标，按照“内联外通、适度超前”的原则，加密、提速、扩通道。国铁济南局特别强调“条件成熟的抓紧推动实施，没有条件创造条件也要上”，勇当开路先锋，统筹推进山东干线铁路、城际铁路、市域铁路、城市轨道交通“四网融合”发展，着力打造安全可靠、智能绿色、集约高效的现代化高质量铁路网，开辟出一条条齐鲁“大动脉”，使之成为带动周边地方经济发展的“快车道”，使一座座造型独特新颖的车站呈现出多彩的魅力，接受城市和人民的考验。

据统计，近年来，国铁济南局累计完成基建大中型项目投资 1485 亿元，开通投产新线 1236 公里，其中高铁 1024 公里，使齐鲁大地上的高速铁路达到 2135 公里。路网结构由“三纵四横”拓展为“四纵四横”，“两纵两横一环双核”高速铁路网基本建成，繁忙干线及主要干线实现了四线运输，其中胶济通道实现了六线运输，区域间客运通道基本打通，以济南、青岛为核心的城际铁路网更加完善，路网规模和质量实现了重大跃升。

铁路新线建设成就斐然。2017 年，石济客专、龙烟铁路建成通车，京津冀区域与山东半岛实现快速牵手，促进内陆外海经济一体化。2018 年，济青高铁、青盐铁路相继建成开通，济南至青岛实现 1.5 小时公交化运营，山东、江苏沿海通道贯通。2019 年，日兰高铁日曲段建成开通，山东高铁网首次成环，环游齐鲁成为现实。2020 年，潍莱高铁建成开通，胶东半岛至内陆城市旅行时间大幅缩短。2021 年，日兰高铁山东段全线贯通，成为山东惠及沿线人口最多的高铁线路。

国铁济南局以服务运输生产、发挥运输效益和社会效益为己任，加大铁路建设的组织实施力度，进行济西编组站综合自动化改造、济南动车所增加存车线及完善检修设施、机务整备能力加强、通信基础网设施改造，济南大型养路机械存放及维修保养设施改造等，高质量建成菏泽、齐河、临沂、即墨、胶州、烟台、董家口等 15 个铁路物流基地。章丘站新建站房，济南站旅客地道增设电梯，泰安站进站地道接长及北配楼装修改造，潍坊站、淄博站、高密站候车室重建与改造相继进行，平原站站场改造、曹县站集装箱货区扩能改造、黄岛站扩能改造新建集装箱作业线等一批安全保障、客运提质、货运增量、设备提升、经营开发及实事项目竣工投产。济南站出站口改造，济西环到环发线，潍坊站增设动车组存车线，潍坊东、青州市南站增加接触网，烟台站增设固定吸污设施及客车上水设施改造，临清站货场改造，曹县站集装箱货区扩能改造，等等，一批“保安全、补短板、增效益、强服务”的项目竣工投产。五年来，国铁济南局各项建设项目有序推进，为提高运输供给质量和安全生产提供了有力支撑，在推动铁路建设高质量发展中走在前列、做好表率。

质量安全是铁路建设的生命。国铁济南局始终把工程质量作为铁路建设最核心、最关键、最重要的工作，作为检验铁路建设成功的根本标准，以对历史、对国家、对人民高度负责的态度，坚持生态建设、智能建设，落实环保要求，运用先进技术，建设经得起历史和运营检验的精品工程、放心工程。

他们首先抓实警示教育，开展“百年大计、质量第一”“今天的施工质量就是明天的运营安全”宣传教育，不断凝聚起推动铁路建设高质量发展的思想共识，牢固树立“只有按标按章作业，才能保证安全；只要按标按章作业，就能保证安全”的理念，提升全员安全敬畏意识。

为确保营业线施工安全，他们坚持“没有控制力的施工坚决不干”，把营业线及邻近营业线作为施工安全的重中之重，强化全过程质量管控，树立质量源头保安全理念，认真贯彻“两个决不”：上一个环节克缺整改不到位，决不允许进入下一个环节；安全评估问题整改不彻底不达标、条件不具备，决不允许交接开通运营。

创建精品优质工程，始终是他们的追求。在建设过程中，贯彻落实“精心、精细、精致、精品”要求，制订创优规划，坚持样板引路，积极创建精品优质工程。强化精细管理，加强从勘察设计到验收咨询的全过程细节管理，以匠心铸造精品，努力打造以日兰高铁、郑济铁路为代表的精品工程。他们积极推广“全生命周期管理系统 1.0”，实现施工图电子化交付、施工过程信息化管控、竣工档案电子化数据交付等内容全覆盖，进一步加强与运营的紧密衔接。深化智能建造、智能装备、智能运营技术攻关，扎实推进无砟轨道铺设等智能建造以及成套装备技术应用，加快智能工厂、智能施工装备的研发应用，提升装配式施工技术水平。探索建立站前、站后、站房专业智能建造体系，打造新基建与传统基建融合示范工程，以智能建造赋能高质量发展。

规划、选址、施工、验收……在整个铁路建设中，他们坚持绿色发展理念，坚持走生态优先、绿色发展之路，坚持生态选线选址理念，科学布局线路和枢纽设施，最大限度集约节约利用土地，积极推广绿色施工技术，建立完善建设项目环保管理体系，制订绿色建设规划，抓好全过程环境保护和绿化美化，建设绿色长廊，打造生态工程，实实在在地落实了“绿水青山就是金山银山”的发展理念。

工程建设本身是生硬的、冷峻的，来不得半点马虎，但国铁济南局把硬生生的建设工作赋予了人文气质。他们积极建造人文工程，认真贯彻“畅通融合、绿色温馨、经济艺术、智能便捷”现代化铁路客站枢纽建设理念，全面落实“站城融合”“一站一景”要求，把以人为本的理念贯穿于工程建设全过程。他们注重提升服务品质，做好色彩、形体、环境、艺术、文化专题设计；注重文化艺术表达，坚持站房生产生活设施与城市深度融合，体现地域历史文化特点，最大限度满足旅客精神需求。

不断改革创新，也是铁路建设的生命力之一。他们坚持正确的改革方向，坚持专业化管理，让专业的人干专业的事，让专业的机构干专业的事，通过建设管理体制优化实现专业化管理的目标；坚持一体化推进，从设计到开通运营，树立“一家人”“一盘棋”的思想，以建设系统为龙头，其他系统共同参与，合力完成铁路建设任务；坚持差异化考核，健全完善内部分配激励机制，实行差异化的考核分配制度，向现场一线倾斜，向承担安全、质量、投资、进度等任务重、责任大的岗位倾斜，充分发挥分配杠杆作用。

他们十分注重分层分类建设的推进，开展非控股非代建铁路管理模式课题研究，通过高质量提前介入、验收咨询服务和开通达标评定，促进标准规范落实落地，确保工程质量达标，满足托管运营需要。

只有建设管理行为规范，才能确保工程质量的“百年大计”。他们深入贯彻“理顺规范年”部署，完善建设管理制度，形成由两项基本制度和51项具体制度构建的制度体系，为规范建设管理提供了制度保障；持续开展违规招投标、转包、违法分包专项排查整治，查纠违规违法问题，建设行为进一步规范。

标准化验收环节也是至关重要的一环。他们提高标准化管理水平，以郑济铁路山东段、黄台联络线等项目为重点，扎实推进开工标准化验收评定，做到建设项目高标准起步，全过程标准化管理。以铁路工程管理平台为依托，在日兰高铁曲菏段、菏兰段等项目推行基于物联网的预警管理、基于形象化的进度管理、基于流程化的程序管理模块应用，标准化管理水平不断提高。

“一枝独秀不是春，百花齐放春满园。”铁路建设是一项共建、共商、共为的工作，需要各方聚力。他们坚持以路地共商共建为保障，在资金筹措、征地拆迁、四电迁改、市政配套、外部环境治理等方面取得重要突破，形成了路地联动、合力共为的长效工作机制。

国铁济南局展望未来，提出到 2025 年管内铁路营业里程达到 7100 公里以上，其中高铁达到 3000 公里以上，构建起智慧化、高效率的全程服务体系和高品质、多层次的产品供应体系，形成在全路范围内有影响力的高铁服务品牌和铁路物流服务品牌。以济南、青岛为中心的省际、省内“1、2、3 小时”高铁出行圈和辐射全国“1、2、3 天”快货物流圈基本形成，铁路网覆盖范围持续扩大，营业总收入达到 900 亿元以上（力争达到 1000 亿元）。

撸起袖子加油干，只争朝夕战犹酣。国铁济南局在推进铁路建设中抓住发展机遇，主动担当作为，着力构建更加系统完善的铁路交通运输体系，为山东经济社会发展提供重要支撑。

第五章　又踏层峰望眼开

我们面对的这个时代，是光明前景前所未有的时代，也是艰巨挑战前所未有的时代。在这个时代里，“察势者明，驱势者智”。当今世界正经历百年未有之大变局。伟大的戏剧总是高潮迭起，高原之上再现高峰。毛泽东主席写于1955年10月的《七律·和周士钊同志》中的“春江浩荡暂徘徊，又踏层峰望眼开”，形象地揭示了在这个变幻莫测的时代面前，要保持勇往先行的姿态，在一个个经历的事物面前只做短暂的停留，只有不停地踏上一个又一个峰峦，眼界才会更加开阔起来。

从深沉历史到辽远时空，从谋计民生到纵横齐鲁，我们的新时代是一个突破现实想象、通向未来世界的时代。国铁济南局确立了全面建设安全、高效、智慧、文化、美丽新济铁，向现代化运输企业开拓发展的奋斗目标，党建引领、“六个一流”、打造千亿级企业……一个个理念决定行动，这些先行的智慧正是“惊涛骇浪从容渡，越是艰险越向前”的真实写照。特别是随着“理顺规范年”“改革创新年”“深化改革年”等的接续开展，企业治理体系日臻科学规范，让我们感受到了“带着电闪雷鸣的变化”，看到了“如朝阳般喷薄而出的希望”。

近几年，国铁济南局用励精图治的雄心开启了发展壮大的征程。截至2021年年底，管内铁路营业里程6418.8公里，其中高速铁路2338.8公里，居全国第三位；铁路交通网覆盖山东省16个地市，京沪高铁、京沪铁路、京九铁路、青盐铁路等纵贯南北，济青高铁、鲁南高铁、胶济客专、胶济铁路、邯济铁路等横跨东西，犹如一道道彩练飞舞在齐鲁大地上。

成绩的背后，是伟大时代、伟大使命所赋予的责任。在这个伟大的新时代，需要一代人又一代人的责任与担当，需要一代又一代人的实干与努力，肩挑重担，开创不负先辈、福泽后世的伟业新功。

“又踏层峰望眼开。”奋斗的坐标已经设定，梦想的画卷正在徐徐铺展。

一、战略发展的持恒力

从严格意义来说，企业没有成功只有发展，更何况作为国铁企业，承担着国计民生重点物资运输，需要有“国之大者”的胸怀。而从发展的角度来分析，做强、做优、做大是国铁企业毋庸置疑的奋斗目标。国铁济南局确立“安全保稳定、管理上水平、职工得实惠”工作主线，明确全面建设“五个济铁”、加快争创“六个一流”、打造千亿级运输企业目标，这是他们关于战略发展的深刻思考，充分体现了以国家利益为重、以人民利益为重的战略发展理念，充分体现了一个国铁企业先行“第一方队”、勠力持久发展的定力和耐力。

近五年来，他们聚焦“交通强国、铁路先行”的使命任务，以建立现代企业制度为方向，顺利完成公司制改革，国铁企业改革三年行动加快推进，法人治理体系不断优化，外部董事占多数的公司治理机制成功构建，实现管理体制由传统模式向公司治理的有序过渡。经营方式变革正在深入推动，紧紧围绕构建法治化市场化经营机制，树立大财务理念，深化全面预算管理。顺利实施非运输企业公司制改革，规范法人治理结构，优化酒店、物流、房建、职培、建设等系统管理模式，经济效益创出历史新高、土地综合开发卓有成效、资源优化配置更加合理、合资合作迈出坚实步伐、创新建成产业孵化平台，全局经营管理按照全新定位大踏步前行。坚持强基达标、提质增效，在服从国家经济战略、服务地方经济发展、助力全面建成小康社会的同时，“十三五”

规划的各项任务目标成功告竣，实现了大变革、大发展。

从货运方面看，国铁济南局紧紧围绕工作主线，主动担当作为，在落实铁路三年货运增量行动中屡创佳绩。突出港口公转铁增运重点，坚持推行“合同制”，确保客户需求和服务保障双向稳定。

2016 年通过建立铁路、港口、客户三方互保“双承诺”合作机制，使得大宗客户由年初不足 10 家迅速回流稳定在 32 家以上，矿石运输则在半年时间内一举扭转断崖式下滑的困境。

2018、2019 年连续两年提前启动次年合同洽谈，每年分六大片区面对面沟通客户 300 多家，依靠合同分别提前锁定 1.4 亿吨和 1.6 亿吨铁路运输需求，两年来合同客户的运力保障兑现率均达到 110%以上。

2020 年面对新冠肺炎疫情冲击，在提高合同运量标准、筛减签约客户近 40 家的情况下，签约总量仍然增加了 2200 余万吨。

以黄岛港为核心，实施“一核、四点、多辐射”运输经营策略，依托“齐鲁号”国际班列平台，开发物流园“内陆港”。海铁联运从 2016 年仅有 30 余条管内集装箱班列线，扩展为管内 41 条、跨省 56 条班列线和 5 条欧亚班列通道。2019 年，欧亚班列开行列数较 2016 年增长 3.6 倍，集装箱发运量较 2016 年增长 304.6%，其中海铁联运集装箱吞吐量占港口集装箱吞吐量由 3.6% 提高到 5.1%，特别是青岛港的集装箱吞吐量占比达到 5.6%，连续三年在全国沿海港口集装箱海铁联运排名中独占鳌头。2020 年，克服新冠肺炎疫情的全球性冲击，积极承接空、海分流国际货源，推出“鲁欧快线”“上合快线”等国际班列新服务，主动下好中欧班列“先手棋”，使全年中欧、中亚班列往返开行达 1506 列，近三年来国际班列开行分别增长 61%、203%和 43%。

他们协调山东省地方交通运输部门，将铁路增运“五大工程”和 11 项建议，纳入省“四减四增”规划，制定、下达了 16 个地级市的铁路增运和公转铁考核目标，其中董家口港开通仅半年，日均装车即由 3 列升至 18 列。2020 年以来，以六项铁路费用减半为契机，协调政府、港口、短驳运输公司，对两端费用进行逐项攻关。议定价格项目的装车、发送和创收占到日均总量的50%以上，对于稳住货运市场基本盘发挥了十分重要的作用。

五年来，国铁济南局货物发送由1.579亿吨增长到2.306亿吨，货运收入由151.3亿元增长到218.2亿元，货运增幅领跑全国铁路，为国民经济发展做出了济铁人的突出贡献。

客运方面，他们迎难而上，全力攻坚制胜，运输能力不断提升。省内路网尤其是高铁路网结构不断丰富，高铁环形路网形成，全局办理旅客列车对数达到448.5对。优化运行图编制，精准实施“一日一图”方案，关注上座率偏高和偏低的列车，单独勾画运行线，实行周中优化、周末扩能，淡季检修、旺季上线，实现客流波动规律与运力投放精准匹配。不断丰富客运产品，全面实施电子客票，进一步完善移动支付、在线选座、候补购票、积分购票等服务措施，推出适合老年人、儿童的购票配票策略，全面提升旅客出行体验。深化供给侧改革，向资源配置要效益，释放沿海快速通道运输能力，扩大西部通道市场能力；向产品组合要效益，丰富列车产品，增开精品标杆车、环形列车、旅游专列和沿海高铁等；向数据分析要效益，加快拓展客运营销辅助决策系统功能，力求客车开行高质量和高收益。

与此同时，技术装备持续升级。坚持需求导向，科学安排技改投入，加快动车组、和谐型机车等主要行车设备升级换代，动车组配属由108标准组增至214标准组。

五年来，国铁济南局旅客发送量由1.07亿人增长到1.59亿人，有力地保障了人民群众安全、便捷、美好出行。

在奋进的征程上，国铁济南局亦秉承大通道畅通无阻的理念，多举措、全方面推进增收创效。

聚焦“交通强国，铁路先行”的历史使命，依托山东省“四纵四横”路网骨架，国铁济南局在全省16地市规划布局20个物流基地，形成与国家和省际物流节点高度融合、覆盖全省的铁路物流网络。在此背景下，山东济铁陆港集团有限公司应运而生。

该集团成立一年来，锚定建设“省内一流、路内领先”铁路港目标任务，加快土地开发、功能平台搭建进度，推动物流园立足规模化、产业化、规范化，向高质量发展迈出坚定步伐，迄今已吸引社会投资近5亿元。

主动融入地方产业经济，以项目为引导，开发用好土地资源。这是该集团起步的着力点。

深谋发展，科学建港。根据物流园所处地方的经济特点，对所属物流园功能布局和发展规划进行优化调整，“见缝插针”用好园区土地，新增临沂分拨中心、菏泽海关、平原大宗散货等项目，最大限度提高土地利用效率。

深度融入，抱团建港。坚持路地联合，深研地方产业规划和扶持政策，加强与政府、城投公司沟通，争取土地指标供应和市政配套，携手齐河县推动海关监管场站入选省重点项目，累计获得产业扶持资金4700余万元。

深挖潜力，引资建港。针对开发占资高、资金缺口大等难题，积极与大型国企、外企、民企开展合作，灵活运用四种招商模式，通过客户自建、园企合建，推动胶州上合多式联运交易市场、菏泽三期木材市场等项目落地，累计新开发土地50余万平方米，吸引社会投资近5亿元。

着眼平台的集聚效应和增值潜力，以需求侧为牵引，完善园区服务功能。这是该集团起跑的发力点。

做强“班列+多式联运”平台。依托铁、公、港资源和园区网络优势，运作国际联运、省际“两高一远”、省内园区循环和海铁联运三级班列网络。完善园区配套，推动董家镇、临沂、菏泽申报国家级多式联运示范工程，建立“通道、枢纽、网络”为一体的综合物流运输体系，新开发班列12个，带动铁路到发双上量，实现运输收入8.6亿元，完成经营收入2.58亿元，全面完成任务指标。

培植“产业品牌 + 增值服务”平台。结合当地产业特点，引入优质企业，重点打造菏泽木材、临沂白货、平原煤炭、烟台钢材等 9 个园区特色品牌，站稳区域性市场。布局建设 6 个海关监管场站，与上海期货交易所合作建设有色金属期货交割库，填补局内内陆港功能和期货交割项目的空白。

打造“供应链 + 信息化”平台。陆港集团本部成立价格协调、货箱源信息处理、大客户信息管理中心，推行供应链管控一体化服务。在临沂、黄岛等园区试点 5G 多式联运、车货匹配竞价、箱站管理、海关报关等系统，推动海关、港口、船公司、国铁“95306”货运系统同步交融。

在效率上下功夫，推行模块化项目开发。针对不同类型的项目，打磨专业市场、仓储分拨、扩能工程、班列运行等招商建设经营模板，建立项目指导书，细分论证、谈判、验收、付款等标准模块，全流程定人、落责，用模块化带动项目运作标准化。

在落实上下功夫，建立系统化保障机制。按照“集团管理、园区共享”的思路，跨园区、跨部门调集人才资源，集中优势力量，建立运价管理、招商开发、项目建设三支专业队伍。围绕黄岛集装箱作业、董家镇经营开发等重点课题，组建项目专班，制订运行方案，为箱站管理、装卸作业安全、货源承揽、班列组织积累经验。

在质量上下功夫，推进精细化运营管理。引入外部师资，开展物资采购、业务外包、合同管理等专业领域管理培训。完善工资分配、奖惩激励机制，将绩效工资的 30% 纳入考核，累计正向激励 24 万元。实施作风督导、纪委监督全过程跟踪盯控，推进管理质量、风险控制双促进、双提升。

国铁济南局一直践行“济铁发展成果，九万职工共享”，坚持以人民为中心的发展思想，厚植为民情怀，将“职工得实惠”作为企业高质量发展的重要出发点和落脚点，全力构建企业与职工命运共同体，让企业价值观与职

让铁路见证爱情：青年职工集体婚礼（绘图/徐思嘉）

工美好生活向往实现了有机统一，不断增强广大职工的归属感、幸福感、获得感，“幸福大道”越走越宽。

职工收入与企业效益的双增长，无疑是所有企业的奋斗目标。国铁济南局始终把“职工得实惠”摆在显著位置，坚持让工资收入与企业效益同步增长，深化三级分配模式探索，持续加大向“脏累苦险”和主要行车岗位倾斜的力度。把保障职工身心健康作为企业发展的基础工程，建立覆盖全员的健康管理体系，推进健康休养和健康维护深度融合。创新实施解疑释惑工作机制，畅通职工反映意见建议渠道，做到思想上解惑、心理上解压、生活上解困，筑牢团结奋斗的共同思想基础。广泛开展群众性立功竞赛和小练兵、小比武活动，着力打通技能岗位向专业技术岗位、管理岗位发展的通道，让广大职工不管学历高低都有奔头、不论年龄大小都有盼头、不论出身如何都有想头。

企业发展好不好，职工的生活质量和精神风貌最有说服力。国铁济南局积极回应职工对美好生活的向往，紧盯职工“吃住洗饮行健乐”普遍性、突出性问题，创造性开展“三线”建设，连续实施了“清凉度夏”“健康饮水”“健康屋”“工作服洁净室”“菜园子”“标准化浴室”等重点项目，累计投入资金 2.7 亿元。建成健康屋 512 个、健康角 1200 个、洁净室 279 处，建设蔬菜大棚 120 处、露天菜园 304 亩、标准化浴室 175 个，补充洗衣机、热水器、空调、净水器、电视机等设施设备 1 万余台。

他们把职工孩子金榜题名升入大学当作大事，与职工一起当作喜事来办，给孩子发“升学大礼包”，组织开展金秋助学活动，如果职工子女当年参加高考升入高等院校就给予 1000 元资金资助，同时赠送励志书籍、出行箱包等学习生活慰问品。这项助学新政策，让职工得到了实实在在的实惠，让职工

小菜园：职工丰收的喜悦（绘图 / 袁昊）

收获了温暖与感动，让孩子增添了学习动力。

同时，国铁济南局持续优化职工帮扶救助机制，帮扶职工解决家庭生活、子女教育、疾病医疗等方面的实际困难，近六年来累计发放帮扶救助资金3.4亿元，助困8万余户次，助学4000余人次，助医29万余人次。他们还全面落实职工普惠性服务，累计投入资金5.83亿元，广泛开展送温暖、送清凉和关键时段、重点任务专项慰问活动，传递组织的关心关爱，企业的凝聚力、向心力大幅提升。

实践充分证明，国铁济南局把自身强烈的历史自信转化为历史主动性，面对新机遇、新挑战，走出了一条符合自身实际的战略发展之路。

二、“双轮驱动”下的蝶变

“双轮驱动”是国铁济南局做强、做优、做大的战略考量。所谓“双轮”，就是企业经营“两条腿走路”，运输业、非运输业都是“主业”，资源共享、目标同步，两个轮子一起转，共同组成国铁企业改革发展的“长大列车”。这就是国铁济南局深入学习贯彻新发展理念，对标国家创新驱动发展战略和“交通强国”建设部署，勇于打破传统观念束缚、固化思维桎梏和惯性做法影响的战略方向。

在实践中，他们坚持目标导向、问题导向、需求导向、结果导向，坚持“双轮驱动”、融合发展、均衡发展，突出效率效益导向，持续推进运输组织变革、管理变革、机制变革、运输供给侧结构性改革、交通运输结构变革、经营方式变革，创新的思维和实践在千里铁道线上持续释放出新能量，在新征程上闪耀着新光芒。

他们在深化改革中谋篇布局，在创新性探索、创造性推进上展示作为。一些多年来束缚发展的体制、机制问题不断被解决，一些传统经营领域被赋予全新的思想理念，焕发出勃勃生机。

青岛铁路经营集团勇于打破思维定式，把“敢破”与“能立”紧密结合起来，他们围绕物流商贸业务创新等课题开展交流研讨，查找出5个方面的15项问题，细化解决措施。在交流过程中，大家各抒己见，在集中研讨中达成了共识：以思想创新带动物流业态创新，切实解决物流“痛点”“堵点”，推动实现全程物流精准管理，做精、做强物流价值链。

山东鲁花集团有限公司是中国民族品牌、农业产业化国家重点龙头企业。随着企业发展不断壮大，铁路运输比例正在大幅提升。青岛铁路经营集团抓住国家“公转铁”政策的有利时机，围绕物流业务、市场拓展等领域和鲁花集团开展友好合作，建立了长期战略合作伙伴关系。

在物流业务层面，山东鲁花集团有限公司通过铁路对小麦、花生等原材料和花生油等成品进行运输，双方进一步协调争取政策支持，降低物流运输成本，将山东鲁花集团有限公司白货实现“公转铁”，推动运输方式转型。在市场拓展层面，青岛经营集团充分发挥纺织品制造优势，为山东鲁花集团有限公司职工提供纺织用品，逐步增强青岛铁路经营集团在莱阳地区的影响力；同时，山东鲁花集团有限公司通过国铁通用物资采购平台销售花生油、调味品等产品，逐步发展铁路市场，引导铁路职工家庭“吃好油、吃精品油”。

在客户走访中，青岛经营集团了解到潍坊山东鲁丽钢铁有限公司“公转铁”的意愿强烈。他们成立“党员营销项目组”，针对企业厂内无专用线，长期采取公路运输的现状，连续7次上门一起研究制订方案，协调港口、地铁、地方专用线、短搬运输等单位，联合青岛车务段订制“门到门”公铁联运物流总包解决方案，解决了装卸、亏吨等问题，实现了铁路常态发运。

在服务客户的过程中，青岛经营集团还创造性地总结归纳出“一三六八”工作法，精心做好既有业务和新开发业务的各项基础工作。“一”，即抓好“以客户为中心”这一服务理念；“三”，即建好总账、业务明细账、发票明细账“三类账”；“六”，即盯控合同、资金、计划、装车、货票、发票“六个重点”；

“八”，即必须建立客户台账、客户资料和相关信息，必须落实确认资金到账，必须分类汇总统计货票理票，必须上报每天装车计划，必须当天反馈客户装车、批车以及资金信息，必须定期核对三个分类账以确保业务数据一致，必须与公司财务、各港站核对每月账目，必须于次月月底前完结并交给客户每月发票及相关报表“八个必须”。

随着“一三六八”工作法的实施，青岛经营集团又与邯郸钢铁集团有限责任公司、海信集团有限公司等客户建立起良好的合作共赢关系。2022 年的前 8 个月，他们累计为邯钢发送铁矿石超过 282 万吨。同时，他们又组建专门团队，为海信入驻国铁商城提供全程服务，并签订了战略合作协议，成为海信产品的核心代理商。

“行之力则知愈进，知之深则行愈达。”2022 年以来，国铁济南局坚持把创新作为解决深层次矛盾和问题、推动企业高质量发展的根本出路，先后开展专题研讨 3260 余场次，各级领导人员形成调研成果 870 余篇，使转变思维方式、主动破解难题、勇开发展新局的新作为、新气象在全局干部职工中蔚然成风。

“小、散、弱”等成长难题曾经是铁路非运输企业发展中的瓶颈，国铁济南局全面优化资源配置，促进技术、资本、资源深度融合，按专业化、规模化实施企业重组，明确业务界面，构建各类资源要素集中管理、统筹运作、专业经营的产业融合新格局，激发出经营创效强劲动能。

国铁济南局将多家物流商贸非运输企业进行业务整合，建立职责清晰的协调运作机制，通力拓展“公转铁”物流总包和运贸一体供应链物流业务，营业收入大幅度增长。济南中油华铁石油产品销售有限公司积极与中石化燃料油山东有限公司协调联动，完善全程运输方案，推行班列运输，船燃油运量、收入同比增长均超过 15%。

而在青岛董家口铁路公司、物流园公司和董家口南站货运业务实现一体化管理后，铁路公司联合港口共同制订营销策略和全程物流服务方案，主动靠前，为货主办理对接港口、车站，协调船舶靠泊、卸船、通关、发运等事宜。自2019年以来，董家口铁路疏港量逐年攀升，2022年货运发送量同比增长5.2%。

山东济铁陆港集团有限公司依托成熟高效的铁路运输体系，与多个地方政府签订物流园建设开发战略合作协议，加快建设开发进度，形成了以煤炭、集装箱、白货、钢材等为特色的主导产业；积极探索物流园经营管理新模式，在即墨、菏泽物流园创新实施职业经理人制度试点，与地方政府合资合作探索推广“临沂模式”，物流园区经营收入同比增长34%，走出了一条现代济铁物流园发展的创新之路。

同样在酒店产业，山东济铁酒店管理公司集中优势资源，跨界洗涤行业，建成全路唯一的全智能现代化金海科技洗涤分公司，一跃成为省内行业标杆。

青岛铁路服装厂有限公司这一成立于1988年、曾经长期亏损的厂办大集体，受益于国铁济南局改革浪潮，被青岛铁路经营集团进行了脱胎换骨般的再造，其创新动力、经营潜力、市场活力被全面激活，其生产的口罩、劳保服、运动服饰销往兰州局、太原局、沈阳局等10多家铁路局，年产值8000万元，重焕生机。

面对疫情冲击，国铁济南局充分挖掘管内旅游资源，创建“铁路+文旅”优质品牌，加大康养、文创、研学等新业态开发，让车票变门票，推动旅游产业复苏。他们建成济南西站“国铁国潮”文创产品旗舰店、教育基地文创店，设计产品100余个，使百年胶济、高铁、老站房等济铁元素逐步走进千家万户。

产业发展需要平台，国铁济南局举全局之力、集全局之智推动技术创新，与中国铁道科学研究院、中国铁路设计集团等路内外企业交流合作，加快技术创新，推动11项技术成果转化，实现优势互补、协同发展。

聚焦高铁产业领域，国铁济南局统筹加工制造产业布局，分别以华锐、瑞通公司为核心建设章丘枣园、桑梓店两大高铁装备制造基地，打造集科研、制造、服务、市场为一体的发展平台，集中高铁产业优势，打造加工制造产业集群，让越来越多的产业在这里孵化、迭代。

2022年4月，济南铁路装备（枣园）基地内，济南华锐铁路机械制造有限公司研发生产的高铁列车制动闸片获得中铁产品认证中心CRCC认证，使得该公司成为路内首家高铁动车制动闸片供应商。这正是国铁济南局加速产研结合、积极自主创新、推动产业转型升级的生动实践。

2022年9月，济南铁路装备（枣园）基地内，全路首条断桥铝全自动数控生产线建成投产，从上料、锯切到分拣、组角，多台智能机器人全程自动协同作业。“工人们只需动动手指，即可完成这些操作。”济铁物资工业集团产品技术开发中心工程师潘冬说。

产研结合下，更多拥有自主技术、全路领先的“济铁制造”加工制造产品相继面市。近年来，具有世界先进水平的简统化接触网完成零部件生产试制及CRCC认证抽检并组织试挂，高铁站台屏蔽门承揽雄安站、北京南站站台门改造项目，起重机械大修、电子插板插件维保、动车组闸片检修等陆续取得维修资质……在更高层次平台上，创新资源要素不断集聚，一个个具有自主产权的新项目、新技术成果转化落地。

面向广阔的外部市场，强大的产品竞争力让“济铁制造”品牌持续打响。组合式高站台打入呼和浩特局市场，异型轨打入乌鲁木齐局市场，站台端部防侵入系统、铁路隧道防水板开拓银西、川藏铁路市场，医用口罩、防护霜及消毒液等医护用品更是进入各个铁路局。

建筑施工领域同样大踏步向路外市场迈进。国铁济南局以涉铁工程市场为主攻方向，坚持设计、施工、监理协同联动、一体发展，大力拓展铁路专用线设计施工总承包、全过程咨询和工程代建等业务，“济铁工程”“济铁监理”“济铁设计”品牌逐步打响。积极开展对外合作，与山东高速路桥集

胶新铁路桥梁转体工程（绘图 / 徐思嘉）

团签订战略合作协议、合作开发上跨立交桥建设，成功承揽潍青高速上跨胶新铁路立交桥工程，开发济南、青岛等市地铁工程土建监理项目，经营版图进一步扩大。

在土地综合开发领域，国铁济南局聚焦地方经济社会发展需要，积极落实国家和地方土地供应、财税征收政策，依法合规加快土地开发，全面盘活土地资源。近年来，“济南南苑 · 颐康新居”“章丘高铁 · 熙水台花园”“莱芜雅致 · 檀香湾”等房地产项目相继建成交房，“济南黄台 · 熙悦府”项目也加紧建设，淄博站南广场土地综合开发、济南黄台铁路货场林场土地综合开发等项目前期工作有序推进，土地综合开发成效显著。

此外，国铁济南局还在非运输业建立创新工作室联盟，进一步提升“济铁制造”品牌竞争力。济南铁路物资工业集团有限公司“荣誉创新工作室”与济南铁路信息技术有限公司“慧修 BAS 创新工作室”“云计算创新工作室”三方联盟不久，就对“铁路站台端部防侵入报警系统”后台接入、集成管理、整网互动疑难问题开展联合攻关，通过设计新的分析系统，有效提高了报警系统识别判断的准确性和实时性，使系统各项功能更加完善。该创新工作室联盟还利用雷达探测技术加强道口安全预警，研制的“道口雷达预警管理系统”已在国铁济南局管内 200 多处道口应用。

通过发挥联盟技术优势，国铁济南局加强各创新工作室业务交流，开展跨企业、跨地区“名师带徒”“劳模讲堂”活动，共建实训平台，全力打造业务精、技术硬的科技创新人才队伍。目前，国铁济南局已成立 9 个劳模和工匠人才创新工作室联盟，涵盖机务、车辆、工务、电务、客运、货运、制造、公寓等专业，破解各类技术难题百余项。

随着新理念、新思维持续注入传统的铁路运输管理领域，国铁济南局在创新发展的征程上呈现出多元化、全面性的特点，在运输经营、安全保障、装备升级、节支创效等方面迸发出前所未有的活力。

在 2022 年 11 月 18 日国铁济南局创新发展成果展上，一件件实物模型、一段段生动视频、一幅幅精彩图片，吸引着与会者的目光。在“济铁制造”板块，展出的通道式智能安检仪、智能高铁站台门、限高架防撞报警系统等，充分展现了国铁济南局近年来加强自主研发能力，增强安全产品保障，提升本质安全水平的成果。展会围绕“智慧济铁”建设，在信息化大数据发展背景下，运用大数据分析、“互联网 +”等信息技术，开发了大数据辅助平台：通过现场作业中的海量数据，分析变化规律，预测发展趋势，对运输生产中包括车务、电务、工务等系统进行科学控制，全面提高了铁路运输的针对性、科学性、时效性。

同日，在国铁济南局创新表彰大会上，对 10 名“新时代济铁楷模”、20

创新发展成果展示（绘图 / 徐思嘉）

名“优秀创新人才”进行了大力表彰。他们中有一线劳模先进、货运组织专家、卸车能力标兵、客运营销达人、技术革新能手等技术、管理人才。享受国务院特殊津贴专家、工务部正高级工程师吕关仁，研究攻克高铁高速度与平稳性难题；“全国优秀共产党员”、济南机务段动车组司机薛军，拥有七本不同火车机型的驾照，几十年如一日地确保铁路安全；“全国技术能手”、青岛动车段动车组机械师刘波，把一生奉献给高铁动车组维修事业；“全国五一劳动奖章”获得者、青岛车务段营销物流部部长孟照林，从事运输组织二十多年，逆势抢抓市场机遇。这些先进事迹不可枚举。他们活跃在铁路运输第一线，用奋进的姿态跑出了中国高铁的“加速度”。

深耕沃土，厚积薄发。如今的国铁济南局，到处都是活跃的创造，到处都是日新月异的进步。踏上新征程，改革创新激发出的强劲动能，正推动国铁济南局在高质量发展的宽广大道上阔步前行。

三、让人民出行更美好

一篇题为《如果沈从文拥有这张车票》的文章，让人眼前一亮、心头一暖。

沿着沈从文《湘行书简》的记录回溯，一幕游子回家的“行旅图”跃然眼前。通过作家的细致描述，我们可以切身感受到80多年前中国人归乡路的漫长与艰辛。当时，他从北京出发，一路上坐火车、换汽车、乘轮船、坐轿子，把能用的交通工具都用了个遍。饶是如此，沈从文还是花了近半个月才回到家中。

当年，从北京到湘西凤凰，沈从文先生紧赶慢走，还耗费了近半个月时间。如果他穿越到今天，这段旅程需要多长时间呢？7小时38分钟。

是的，仅仅需要7个多小时。地理上的长度并未改变，时空的距离却被大幅压缩。这一切得益于发展速度一日千里的中国高铁。短短10余年，中国高铁成为贴地飞行的“中国奇迹”。

2021年12月6日，张吉怀高铁正式开通运营，古老的湘西大地以崭新的姿态接入全国高铁网。北京等地开行了直通张吉怀高铁的动车组列车，试想，如果沈从文先生登上动车组列车返乡，他又会在散文中如何记述这一经历呢？

曾经，回乡的归途是如此艰难；如今，故乡不再是到不了的远方。

今天，我们建成了世界上最现代的铁路网和最发达的高铁网，我们的高速、高原、高寒、重载铁路技术达到世界领先水平，“复兴号”开上雪域高原，京张高铁服务冬奥，中老铁路谱写友谊佳话，中欧班列车轮滚滚风笛长鸣……

京津城际、济青高铁、武广高铁、日兰高铁、郑西客专、京沪高铁……一条条高铁在中华大地上蜿蜒开来。自主创新的中国高铁，已经成为享誉世界的“国家名片”。

青藏铁路、宜万铁路、包西铁路……一条条区际干线建成投产，雪域高原不再遥远，蜀道出行不再艰难。

北京南站、上海虹桥、济南西站……约300座现代化火车站投入使用，旅客购票、候车、换乘条件大为改善。

截至2011年底，高铁对百万人口以上城市覆盖率超过95%，动车组旅客发送量占铁路旅客总发送量的73.6%，越来越多的旅客坐高铁出行，越来越多的城镇因高铁而繁荣。铁路作为国家重要的基础设施和经济发展的“先行官”，在促进社会发展、服务经济建设中发挥着重要的作用，是民生之期盼，是经济之动能，更是中国速度之见证。

从沂蒙山区到渤海之滨，从泰山脚下到黄河之畔，国铁济南局在中国铁路快速发展的征程上，自觉站在为稳住经济大盘多做贡献的高度，树立有为意识，少说“不行”，多想“怎么行”；树立担当意识，围绕“办得快、办得成、办得好”，充分发挥国铁企业优势，助力山东省社会经济发展，管内“四纵四横”普速铁路网、“两纵两横一环双核”高铁网初步形成，路网特别是高铁网规模和质量实现重大跃升。新冠肺炎疫情从肆虐到反复的几年间，国铁济南局冲破阻遏、逆势而上，与时间赛跑，加快铺就发展快车道，成为拉动山东省GDP持续增长、稳占全国“三强”的重要引擎。

回望来路，我们可以看到——

2016年11月，山东境内第一条城际高铁——青荣城际铁路全线开通运营，拉近了青岛、烟台、威海城市群之间的时空距离，使胶东半岛从沿海边区变成门户城市。

2018年12月，济青高铁通车，连接京沪高铁和沿海高铁两大纵向通道，使济南与青岛间形成“三线并行”的铁路交通运输格局，横贯东西的经济大通道由“瓶颈”变通途。与此同时，青盐铁路开通运营，苏鲁东部沿海城市从此进入高铁时代，沿线“三湾六港”连接成群，成为沿海港口疏港货物运输的东部大通道。

美丽的青盐铁路海岸高铁线（绘图 / 袁昊）

2019 年 1 月，石济高铁齐河至济南东段开通运营，标志着石济高铁全线建成通车，将石家庄、衡水、济南、德州等地串联起来，京津冀与环渤海等区域实现快速“牵手”。

2019 年 11 月，山东铁路史上建设里程最长的铁路——日兰高铁日照至曲阜段开通运营，与京沪高铁、青盐铁路、济青高铁及胶济客专连通，形成环形高铁客运通道。“坐环形高铁，游齐鲁大地”广受社会各界好评。

2020 年 11 月，潍坊至莱西高铁开通运营，让胶东半岛烟台、威海地区至全国其他城市的时间大幅缩短。

2021 年 12 月，日兰高铁曲阜至庄寨段通车，“复兴号”穿越“牡丹之乡”“孔孟故里”“水浒好汉城”，菏泽市民可乘高铁 1.5 小时到济南、3 小时到北京。

高铁通，百业兴。高铁对一个地区经济社会发展带来的促进作用和发展机遇不可估量。如 2018 年底开通运营的济青高速铁路、青盐铁路和青岛铁路客运枢纽形成了“一主三辅”的格局，与原有的胶济客专、胶济线、青荣城际铁路交会，让青岛北站成为“六向通衢之地”。功能定位交错有序，胶州湾发展一体联动，为半岛经济社会发展注入了新动力。

家在青岛的胡先生，工作在济南，每周都要在两座城市间来回奔波，济青高铁让他有更多的时间与家人团聚。随着济青高铁的开通运行，济南至青岛最短的列车运行时间不到2小时，济南与青岛之间正式进入“2小时生活圈”，“公交高铁”也逐渐融入百姓生活中。

同样，青盐铁路的开通，也让沿线群众充分体会到了铁路带来的便利。市民葛兰清家住江苏盐城，儿子在青岛工作，每年春节，他都要去青岛和儿子一起过年。往年他都是坐长途汽车往返，早晨6点钟就起床，赶8点多的长途汽车，单程要花6个多小时时间。2018年12月26日，青盐铁路正式投入运营，为葛兰清的出行带来了福音。“动车比汽车舒服多了，速度也快了很多。”葛兰清笑着说。

不只人们交通出行更加方便，快递也坐上了“复兴号”。“老板，订4箱蛤蜊，顾客要求今晚之前送到。”随着济青高铁开通，孙老板的海鲜店铺正式走出了山东。下午1点10分，4箱蛤蜊坐上G4962次高铁，奔赴北京南。“现在高铁快，几个小时就到了，无论多远，你在那头订，我在这头就可以立即给你准备，保证你当天吃上最新鲜的青岛海鲜。”飞速奔驰的高铁缩短了运输时间，增强了货物时效性，让东部沿海北部区域的商务往来也驶入了高铁快车道。

济青高铁、青盐铁路开通后，青岛北站的交通枢纽效应衍生出了“黄金磁场”，老火车站完美地承担起奥运会帆船比赛、上合峰会等重要任务的衔接工作，红岛站也成为国家滨海高铁与欧亚铁路大通道的交会枢纽。青岛西站作为西海岸唯一的综合交通枢纽，也是一条不可或缺的出行通道。4座车站编织成一张交通网，给高铁沿线旅游产业优化升级带来了更多的可能性。

对于高铁沿线的旅游目的地来说，原本距离较远的旅游客源反而成为青岛促进旅游业发展的主力军。中铁国旅总经理王先生说，高铁扩大了青岛的旅游半径，降低了旅游的时间成本，特别是到了旅游旺季，游客搭乘高铁从四面八方而来，让住宿、餐饮等周边产业的经济效益得到了极大的提升。

每逢节假日和周末，由青岛到荣成和烟台的青荣城际铁路旅客人数都会剧增，青岛火车站也会根据旅客增加情况实时加开临客。青荣城际铁路已然成为胶东半岛旅游的“黄金走廊”。

荣成市旅游局的工作人员最为清楚，青荣城际铁路开通后，来荣成旅游的人数逐年增加，并且他们大都是乘坐青荣城际高铁来的。在荣成海边，渔家乐店主徐玉琴说，“往年冬季我们这里基本上没有什么游客，高铁开通后，自济南、烟台、青岛来的游客就增多了”。她准备再增加人手，以更好地接待“城际游客”。

高铁建设更带动沿线一条条新型城镇带、产业聚集带、经济繁荣带崛起，2021 年 12 月开通的日兰高铁就是典型代表。日兰高铁山东段贯通后，山东菏泽接入了全国高铁网，让 800 多万菏泽人民圆了家门口的“高铁梦”。一度闭塞偏远的菏泽，在寻求突破的发展道路上，装上了“新引擎”，牡丹、电商、文旅等产业步入发展快车道。

牡丹产业是菏泽的特色优势产业。从一朵花到一个产业，作为菏泽的城市名片，牡丹产业近些年发展风生水起，但也面临着发展瓶颈。

“菏泽通高铁吗？”之前，无论是外出招商还是洽谈生意，这个问题总是让菏泽人没有底气，一些项目甚至因为“没通高铁”而流失。没通高铁制约着菏泽特色、优质资源产业的发展。

牡丹籽油、花蕊茶、牡丹籽油软胶囊、香水、牙膏、面膜……菏泽尧舜牡丹生物科技有限公司展厅里，各种产品琳琅满目。总经理许强拿起一瓶圆润饱满的牡丹籽油软胶囊介绍：“这是目前国内唯一获得保健食品批号的牡丹产品，牡丹籽油实现了从新资源食品到保健食品的转变。”

牡丹可以说浑身是宝，从牡丹籽中提取植物油加工成食用油，从牡丹粕中提取保健品和化妆品原料，从花瓣中提取精油和原液，将花蕊加工成花蕊茶，用丹皮酚加工牙膏或面膜等。目前，菏泽尧舜牡丹生物科技有限公司已经发展成为国内外牡丹产品深加工行业龙头企业，产品种类达到 140 多个，涵盖保健品、化妆品、特膳食品等多个领域。

“高铁的开通拓宽了整个菏泽牡丹产业的发展道路，让菏泽牡丹有了更多‘走出去’的机会。”许强表示，高铁的开通是菏泽牡丹产业对外发展的助推器，对牡丹产业进一步扩大市场、拓展规模、增强产品影响力非常重要。

芍药是牡丹的姊妹花，牡丹产业的发展带动了芍药鲜切花产业的发展。盛夏时节，室外温度直逼 36℃，而位于菏泽市牡丹区都司镇的山东盛世芍花智慧农业有限公司预冷车间内，只有零下 3℃。公司负责人赵文双说：“公司的牡丹、芍药鲜切花经过降温、分拣、清洗花蜜等环节后，通过冷链物流发往全国各地。”

菏泽地区芍药种植面积约 3 万亩，用于鲜切花售卖的有 1 万多亩，成为全国最大的芍药鲜切花生产基地。仅 2022 年上半年，菏泽芍药鲜切花实现销售 6000 万支，销售额超 3 亿元，占全国芍药鲜切花销售额的一半以上。

目前，菏泽拥有 9 大色系、10 大花型、1280 个牡丹品种，全市牡丹加工企业达到 16 家，菏泽牡丹特色产业首次入选山东省“雁阵型”产业集群，牡丹产品远销美国、法国、德国和日本等 30 多个国家和地区。“富贵之花”正在向“富民之花”“产业之花”转变。

地域特色搭载中国速度，使“牡丹之乡”美名远扬。菏泽没通高铁前，交通不够便利，不管是企业与外部交流还是人员外出都不太方便，有的企业因此搬到了北上广或沿海城市。如今菏泽高铁开通，企业与外部交流更加方便，吸引了更多企业入驻电商产业园区。

“高铁的开通，给电商行业发展安上了‘加速器’，拉近了本地企业与省内外及北上广等发达城市的交际圈，使菏泽当地的产品从菏泽本地销售走向全国。”菏泽天华电商产业园党支部书记肖海杰说。

天华电商产业园区的中国特色菏泽馆里陈列了各种牡丹衍生产品以及菏泽各个县区的特色产品、艺术品，琳琅满目，品种繁多，成为菏泽市农副产品集中展示区和供应链基地。入驻园区的优博商学院，开设了电商、新媒体以及一些技术类课程，为菏泽市培养了大批专业技术人才，帮助更多的实体产业插上电商融合发展的翅膀。

高铁的便利吸引了更多企业入驻园区和大量优秀人才来园区工作，也为招商引资、行业发展激发了新活力。目前，天华电商产业园区已有436家电商及各类创业团队入驻，从业人员超过1.5万人，形成了集网商创业孵化、电商交易运营、仓储物流、分拨配送为一体的产业园区，被评为国家级电子商务示范基地。

城市融入高铁网，经济驶入快车道。随着制约菏泽发展的交通瓶颈被彻底突破，四通八达的立体交通格局助力菏泽地区开启了电商产业发展新篇章。截至目前，菏泽市拥有淘宝村516个、淘宝镇84个，数量领跑全国。

2022年上半年，菏泽市电商交易额突破907亿元，同比增长68.9%；曹县汉服及上下游相关企业发展到2000多家，原创汉服加工企业超过600家，汉服销售额占全国同类市场销售额的三分之一。

同样，在山东“强省会”建设中，国铁济南局自觉站在讲政治、讲大局的高度，以高度的历史主动精神抓好铁路建设工作，济南市铁路路网规模和质量实现重大跃升，在省会经济圈一体化发展和“强省会”战略推进中充分发挥了支撑和拉动作用。

济南是山东省的省会，北接京津冀，南连长三角，具有衔南接北的地理位置，是环渤海地区和黄河中下游地区的区域中心城市和山东半岛城市群核心城市，是山东面向国内外、实现高质量发展的中枢和内陆开放门户。

近年来，国铁济南局努力践行“交通强国、铁路先行”的历史使命，自觉服从国家总体发展战略、服务地方经济社会发展，坚持保开通、保在建、保开工，科学有序、安全优质推进山东省铁路建设。从建成开通济青高铁、石济客专、黄东联络线，到加快推进济莱高铁、济郑高铁、济滨高铁建设；从建成“两纵两横”环鲁高铁网，促进省会经济圈城市间互联互通，到推动“米字形”高铁网加速成型，全力打造“轨道上的省会经济圈”。从提升普速铁路连通深度，努力实现货畅其流，到实施“支线铁路进港进园”工程，打通铁路运输“最后一公里”，助力运输结构调整。济南市的路网规模和质量实现重大跃升，不仅让济南成为全国四通八达的省会城市之一，而且直接带动济南市东西部高铁新城的快速崛起，全面推动了济南新旧动能转换起步区、高新区、济南国际陆港、中央活力区、国际医学中心等重点片区的建设发展，成为省会城市经济社会发展的强力引擎。2020 年，济南 GDP 为 10140.91 亿元，首次突破万亿。2021 年，济南经济总量更进一步，同比增长 7.2%，达到了 1.14 万亿元。

2022 年 11 月 16 日，山东省交通基础设施建设重大项目胶济铁路至济青高铁联络线正式开通运营，连接济南站、济南东站、济南西站三大火车站的环形高铁客运通道全面贯通。与此同时，全国首条市内高铁——济南至莱芜高速铁路进入运行试验阶段，通车运营进入倒计时；济南至滨州高铁建设也全面启动。济南“米字形”高铁网加速成型，京沪高铁、石济客专、济青高铁、胶济客专、济郑高铁、济莱高铁等多条铁路将实现互联互通，铁路建设持续济南高质量发展赋能，“交通强市”的步伐不断加快。

如今，在齐鲁大地，高铁网越织越密，形成了以济南、青岛、临沂、日照等区域为支点的环形高铁网络。济南人去青烟威看海过周末、北京人到泉城赏泉品茗、江苏人夜游台儿庄古城、省内外学子赴曲阜研学……山东高铁的发展给老百姓的生活带来了满满的获得感和幸福感。

放眼未来，从全国首条市内高铁——济莱高铁，再到郑济高铁、雄商高铁、潍莱高铁、济滨高铁、京沪二通道、张博铁路改造……山东铁路发展的脚步从未停止。昔日“山东路、广东桥”里的“山东路”，如今有了新的含义。

在高铁大量开行的同时，国铁济南局还保留了一趟公益性“慢火车”。这就是前文提到的淄博至泰山的7053次旅客列车，票价最低只要1元，平均时速只有30多公里，开行40余年从未涨价。为提升7053次公益“慢火车”服务品质，国铁济南局加大投入，改善站车服务设备设施，将原列车升级为空调列车，让旅客坐得舒心、放心、称心，乘坐舒适度得到提高。这趟列车途经15个村落、6个小镇，铁路沿线的人们赶集买卖全靠坐这趟车，让苹果、草莓、猕猴桃、黑木耳等有机林果特色农产品从采摘到输出有了强有力的交通保障，解决了百姓出行的难题。7053次公益性“慢火车”宛如一座桥梁，连通城市与乡村，见证着沿线村落变迁与群众生活之变，成为乡村振兴之路上的“致富车”“连心车”。

国铁济南局还注重服务手段多样化，在改进传统服务的同时，积极引入信息化。从2010年底开始，国铁济南局积极推广电话订票、互联网售票、银行卡购票、自动售检票等多种信息化服务，最大限度方便旅客。同时，为适应旅客多样化、个性化需求，从2020年6月开始，国铁济南局又全面实施电子客票，推出适合老年人、儿童的购票配票策略，完善移动支付、在线选座、候补购票、积分购票等服务措施。

他们还深入实施畅通工程，让自助实名制核验设备覆盖地市级以上车站，旅客凭身份证便可直接进站上车。“以前坐火车，最怕买票和进站。现在能网上购票，刷卡直接进站，坐高铁真的是太方便了。我现在到济青两地出差都选高铁！”济青高铁旅客李先生感叹道。2021年5月1日，国铁济南局发送旅客888186人次，刷新了其单日旅客发送量的历史最高纪录。

在围绕“重设计、优服务、提品质、创品牌”，提升客运服务品质的同时，国铁济南局主动对接广大货主旅客需求，在客货精准供给上下功夫，他们围绕“拓货源、调结构、上产品、强合作”，进一步提升运输效率，充分发挥铁路在综合交通运输体系中的骨干作用。

尤其是在货运发展方面，国铁济南局主动加强与地方政府及企业的沟通协调，充分发挥铁路运输速度快、性价比高、安全可靠、绿色环保等优势，不断提升中欧班列开行数量和质量，为山东经济融入“一带一路”建设持续提供新动能。

自 2013 年至今，国铁济南局货运部高级工程师徐成罡一直负责铁路货运班列管理业务，成为近十年山东铁路货运变化的亲历者和见证者。据他介绍，目前国铁济南局货物列车日均装车 11760 车、卸车 17282 辆，日均发送货物 66.2 万吨，年货物发送量达 2.3 亿吨，较十年前增长 15.1%。这得益于德大、龙烟、瓦日、青盐多条铁路货运大通道相继建成开通，形成了“四纵四横”铁路交通主干，为货运增量提质打下坚实基础。同时，路地携手加快“公转铁”政策落地，新建、改扩建 55 条企业专用线，“公转铁”货运增量不断增加，大大降低了社会物流成本，也为打赢“蓝天保卫战”贡献了济铁力量。

让徐成罡感受最深的是这十年来货运班列开行带来的改变。首先，班列线路更多了。最初山东只有 7 条“五定”直达班列线路，主要运输大宗货物。借助国家运输结构调整，铁路部门加快供给侧结构性改革，优化货运班列组织模式，投用新型集装箱产品，完善铁路疏港运输网络，全力承接公路转移货源，为企业提供精准服务。经过近 10 年的努力，山东已构建起“东联日韩、西接欧亚、直达全国、网络全省”的货物班列网络，形成拥有中欧中亚班列、快运货物班列、大宗直达班列、点对点直达列车、固定循环列车等班列线路 160 多条，目前国铁济南局货运班列已占全部货物列车的 70%。其次，班列运输效率更高了。省内班列均实现“当日达”，跨省直达列车全部实现“日行

800、夜行 1000”，开行最远的乌鲁木齐班列运行时间由 14 天压缩到了 6 天，运输效率和能力倍增。

中欧班列从无到有，从有到多。由于没有统一完整的欧亚班列管理平台，与口岸通关和外贸企业协调也不太顺畅，山东中欧班列开行之初优势并不明显，每天不到 1 列。国铁济南局通过建立枢纽、搭建平台、构建网络、增加运行线路、提升运行时效，使得这几年中欧班列竞争力不断提升，开行数量越来越多。如今，“齐鲁号”欧亚班列呈井喷式增长，已通达 20 多个国家、50 多个城市，累计往返开行超过 6000 列，2021 年“齐鲁号”欧亚班列开行数量位居全国第 4 名。目前，国铁济南局管内已形成济南、青岛、临沂三个中欧班列集结中心。

以济南为例，近年来济南中欧班列发展气势如虹，屡创佳绩。济南海关提供的数据显示，截至 2022 年 10 月 25 日，济南已累计开行中欧班列 2000 列，占全省总量的 33.5%，特别是 2021 年开行 764 列，同比增长 41%，超过 2019 年、2020 两年开行量的总和。2022 年，济南中欧班列又先后开通了济南至匈牙利、塞尔维亚方向线路，以及至蒙古国乌兰巴托等新线路。中欧班列已经成为济南通往“一带一路”沿线国家的重要陆路运输和国际贸易通道，成为济南市开放发展的亮丽名片。2021 年年底，国家发改委公布了第三轮中欧区域政策合作中方案例地区名单，济南成功入选，这意味着济南已跻身中欧区域合作主要“朋友圈”，中欧班列功不可没。

一条条中欧班列线路，“编织”了一张山东与“一带一路”沿线国家和地区互联互通的国际物流网，助力山东打造黄河流域对外开放门户、建设新时代对外开放新高地、融入和服务新发展格局，以更加开放的姿态走向世界、走向未来。

与此同时，国铁济南局不断调整铁路货运结构，他们深化路港企战略合作打造货运联盟，大力发展海铁联运，为企业提供多样化、定制化货物运输服务产品，实现班列线路覆盖山东主要港口、连通全国主要干线，货运发送量居全国前列，在推动山东经济高质量发展中奏响“向海图强”的新乐章。

他们围绕提升海铁联运综合承载能力和转换衔接水平，推进铁路物流园区、铁路场站、疏港线路、港口站一体化发展。路港双方持续优化装卸设备、人员配置，增加装卸线路，扩大集装箱堆场规模，不断提升铁路场站及海关现有配套设施承载能力。针对不断增长的海铁联运需求，持续推动铁路线与港口码头设计建设一体化，进一步增加疏港铁路规划，增容扩建铁路港站，让集装箱列车直通码头，实现码头直取、车船对装，构建更加高效便捷的铁路集装箱港口集疏运体系。

他们加强与港口、钢铁、电力、焦化、水泥等大型企业的衔接，设计开行生产材料配送班列和海铁联运集装箱班列，通过优化海铁联运组织能力，不断提升铁路疏港能力，进一步巩固路港企三方合作。此外，国铁济南局积极参与山东省沿黄河流域内陆港布局和服务体系建设，利用胶济、兖石、胶新等铁路干线运输通道，提升沿海和内陆港统筹联动能力，进一步密织海铁联运班列运输网络，打造了一批海铁联运班列品牌。

他们与山东省港口集团有限公司成立海铁联运工作领导小组和工作推进专班，充分发挥双方在管理、技术、资金、人才等方面的优势，开展重点项目攻关，解决难点问题，在运输方式创新、作业环节衔接、信息沟通提效、运输费用结算、统筹支持政策等方面加强协同。运用“一企一策”“一站一策”“联合施策”等方式设计海铁联运产品，打通“一单制”服务模式，完善海铁联运多方信息交换标准体系，逐步实现联盟成员单位间价格互惠、优先靠港、优先装运、优先短搬、优先配箱、优先发运、优先接卸，稳步构建资源共用、利益共享、风险共担的海铁联运发展联盟。

他们创新发展“路—港—船—代”无缝衔接的海铁联运模式，紧密连接采购、生产、销售、代理及终端客户，形成铁路、港口、船舶公司、贸易代理企业等互惠发展的良好局面；积极探索“以运代贸、运贸一体”的发展模式，推动海铁联运向产业链上下游延伸，实现“海铁联运＋产业”融合发展。目前，他们已建立起辐射全省、直通全国、东联日韩、西接欧亚的综合海铁联运网络，路港双方携手开发的全新货源不断涌现。

位于胶州的中国—上海合作组织地方经贸合作示范区青岛多式联运中心，就是国铁济南局海铁联运的重要物流新枢纽。截至2022年8月30日，青岛多式联运中心到发中欧班列538列，同比增长45%，再创历史新高。

2018年6月，习近平总书记宣布支持在青岛建设中国—上海合作组织地方经贸合作示范区。同年7月，国铁济南局集团整合胶州地区铁路物流资源，将青岛车务段胶州站、山东济铁胶州物流园、中铁联集青岛中心站合为一体，成立上合示范区青岛多式联运中心，为国内外客户提供运输、仓储、包装、监管、保税等“一站式”服务。经过4年多的快速发展，上合示范区青岛多式联运中心已开通至塔吉克斯坦杜尚别、吉尔吉斯斯坦比什凯克、德国汉堡等27条国际国内班列线路，基本形成了东接日韩亚太、西联中亚欧洲、南通南亚东盟、北达蒙古俄罗斯的海铁联运物流大通道。每天有近2400个集装箱在这里通过铁路往返“一带一路”国内主要节点城市和沿线国家及地区，4年多来累计开出超过2000列货运专列，为上合组织成员国和共建“一带一路”国家提供了关键“出海口”。

这里的货物通过中欧班列可直达莫斯科，比海运节省30天左右；通过东盟快线可抵达越南河内、同登等地，比海运节省50%的时间，费用比陆运节省20%。多式联运正在成为越来越多的中国企业与“一带一路”沿线国家、地区进行贸易往来的最佳运输方式选择。

日益便捷的国际物流通道为企业拓展国际贸易提供了极大方便。2022年6月，青岛市首胜实业有限公司通过中俄国际班列进口的货物，仅原木材料就有30多个货柜。公司总经理冯九灵说：“我们公司主要生产和出口整体橱柜，对进口木材需求量比较大。以往从周边港口走海运进口木材颇费时间，现在依托青岛多式联运中心的中欧、中俄国际班列，不仅原料进口省时省心，成品出口也更加便利。”尤其是班列抵达多式联运中心后可以就地检疫、熏蒸、提货，极大地方便了企业与“一带一路”沿线国家的交易往来。

落户上合示范区的青岛福生食品公司，80% 的深海鱼类原材料通过多式联运从俄罗斯进口，加工生产成高附加值的胶原蛋白和成品鱼肉制品后，再利用多式联运出口到日本及欧洲地区。依托便利的物流通道，该企业的生产规模也在不断扩大。

随着海铁联运通道建设的不断推进，烟台港、日照港等相继开行中欧班列，来自世界各地的货物通过海铁联运方式源源不断地运往欧亚大陆，助力“一带一路”建设，提升了山东实体经济的国际竞争力。

中铁渤海轮渡船，让列车跨越海洋畅行无阻（绘图 / 徐思嘉）

烟台地处山东半岛东北部，南邻黄海，北濒渤海。烟台港是中国沿海 25 个重要枢纽港口之一，也是中国沿海南北大通道的重要枢纽和贯通日韩至欧洲新欧亚大陆桥的重要节点，区位优势明显。

烟台车务段成立海铁联运工作专班，拓展开发海铁联运市场，让“朋友圈”越做越大。他们主动融入和服务“一带一路”建设，充分利用政策红利，开行“烟台—阿拉山口”“烟台—霍尔果斯”等多趟中欧班列。联合当地政府和山东高速集团有限公司开展重点营销攻关，先后揽回电子设备、轮胎、被服等货源，保证班列货源充足。对客户实施“一对一”最优运输方案，畅通海铁联运各个环节，提高装车效率和运输能力。截至 2022 年 11 月 12 日，该段共开行中欧班列 46 列，增收 6100 余万元。

针对烟台至桓台的集装箱车底只有 8 列，满足不了运输需求的问题，他们开动脑筋，想出车底循环套跑方法。如今每天集装箱班列开行提升到 15 列，运能得到充分释放，实现了货装即走、随到随卸，大幅提升了运输组织效率。

围绕到站周村站的铝矾土项目，该段积极与山东梁邹铁路发展有限公司、烟台港口、青岛铁路经营集团有限公司进行深入对接洽谈，达成运输合作，顺利发运 4373 车，增收 923.58 万元。

为了让更多山东企业的优秀产品通过海铁联运踏上“海上丝绸之路”，国铁济南局以临清内陆港建设为示范引领，通过海铁联运实现“出海口”直通“家门口”，切实为企业降低物流成本。

临清地处鲁西北，北望京津，南接中原，是山东西进、晋冀东出的重要门户。近年来，当地造纸、纺织等龙头产业迅猛发展，一批以轴承、板材加工为代表的中小企业快速发展壮大。之前，这些企业主要靠公路运输，货物需多次倒载转运，不仅运输周期长、劳动强度大、运输成本高，且易受天气状况左右。

聚焦多式联运“最后一公里”，2015 年，国铁济南局、地方政府、物流公司开展三方合作，量身定制海铁联运班列发展规划，铁路推出“阶梯增量、阶梯运价”政策，实行“五定班列”组织模式。通过这种“陆海联动、海铁直运”多式联运模式出口的货物，每标箱较公路运输节约近200—300元，运输成本下降10%—15%，企业运输费用大幅降低，产生了巨大的货源吸引效应。从2014年每周到开3对到2016年每周到开7对，“临清号”发送量节节攀升。

随着发送量增加，临清货场的硬件条件已不能满足班列组织的需求。自2018年开始，国铁济南局对临清货场先后进行5次改造，增修1条货运线、延长牵出线、增加3台正面吊、硬化地面，累计投资3000多万元。与此同时，优化“创新+高效+温馨”班列服务模式，专门固定调车机，实行“一站式”服务，24小时随到随装，实现了日装车能力从个位数到百位数的跃升。

2022年，“临清号”每天到发4列，几乎趟趟满载。2014年以来，临清站通过班列共发送货物21.7万车、780万吨，增收6.62亿元，其中80%的增收来自“临清号”，达5.3亿元。

对于班列运输，山东临清的中治纸业银河有限公司柴经理感受颇深：“我们每年通过班列进口纸浆15万吨，生产的产品又通过班列以最快的时间、最优惠的价格、最安全的方式运输出去。”“临清号”班列开行以来，仅出口一项，就为企业节省50万元运输成本。

走进临清三和纺织集团有限公司的印染车间，采用环保蜡染工艺的印花布正在加紧生产。“这种布在咱们当地俗称‘老粗布’，因为布料厚实、色彩艳丽、价格实惠深受非洲客户喜爱。”三和集团企业负责人仇经理说，“我们每年出口蜡印布4万吨，相当于绕赤道10圈。”2014年以来，30多万吨蜡印布搭乘“临清号”漂洋过海，成为中非经贸密切往来的纽带。

班列开行以来，从临清发送的货物品类由不到10种发展到100多种，客户也由临清本地企业拓展到周边的安阳、邢台、衡水等地，货源辐射冀鲁豫三省。在这些企业中，既有内贸公司，也有进出口货运代理；既有信发集团有限公司、鲁西化工集团股份有限公司、临清三和纺织集团这样的当地龙头企业，也有充满活力的乡镇企业、创新型的中小微企业。

像河南安彩集团有限责任公司的玻璃产品、河北晶澳新能源开发有限公司的太阳能板等外省产品也从临清内陆港出口到韩国、美国等地，挺进全球市场，最多时一个月能运输五六百个集装箱。

“临清号”班列已然成为拉动当地经济增长的强劲引擎，临清货场也成为名副其实的“内陆港”。这座曾“繁华压两京、富庶甲齐郡”的千年古城，正借助钢铁通道的强大动能，焕发出前所未有的蓬勃生机。

2017 至 2021 年，国铁济南局先后开发 54 个海铁联运重点项目，海铁联运集装箱到发量由 62.2 万标准箱增加到 256 万标准箱，年均增长 45%。2022 年上半年，山东海铁联运箱量完成 149 万标准箱，同比增长 20.1%，稳居全国首位。

而今，便捷、快速的高铁早已改变了人们的出行方式。但是，出门在外，能否吃上自己喜欢的美食，不仅体现了一个行业的服务精神，更展示出了美好生活应有的姿态。

悠悠万事，以食为天。吃饭永远是人类的头等大事。在人们的记忆里，“啤酒饮料矿泉水，瓜子花生八宝粥”，似乎成了火车餐饮的代名词。

随着中国铁路事业特别是高铁事业的蓬勃发展，铁路餐饮也不断迭代升级，悄然改变着人们的旅行生活。2022 年 10 月 21 日 12 时许，G206 次列车上，旅客吕女士通过手机“掌上济铁”小程序下单的海珍品套餐被送到了座位上。揭开包装，鳗鱼、腰果虾仁、红焖牛肉香气扑鼻，吕女士拍照发完朋友圈后，惬意地品尝起来。这款广受旅客欢迎的“网红套餐”正是出自山东济铁旅行服务有限公司青岛高铁餐饮管理分公司生产供应部经理姜少政团队之手。

近年来，为了解决高铁套餐品种单一、缺少特色等问题，姜少政团队坚持精品理念，精钻细研，不断丰富餐食品种。姜少政和团队立足岛城海鲜类美食品种丰富的特点，深入青岛各大菜品销售市场和各条高铁线路动车上调

青岛高铁餐生产基地（绘图 / 解世媛）

研，对旅客的餐饮需求、当地菜品销售情况和季节餐料变换情况等因素进行分析。他们着眼提升高铁餐饮生产工艺，潜心推出特色套餐、时令套餐、营养套餐、普通套餐“四大套餐”，丰富了旅客的餐食选择，赢得了高铁餐饮“家的味道、家的感觉”的良好口碑。

“开发新菜其实是个不断试错的过程。”姜少政说。他记得，当初尝试研发红烧排骨盒饭时，炖了一大锅，结果把排骨全都炖烂至脱骨了，根本没法用。后来，他们经过反复尝试，采用先蒸后淋汁的方法，才将排骨完好无损地放进了饭盒。

尝试中也有意外之喜。一次，姜少政从火锅中得到灵感，打算将涮火锅的肥牛放进饭盒。一开始，大家并不看好。在姜少政的坚持下，几盒试吃版肥牛盒饭出炉，大家一尝都赞不绝口，尤其是年轻人特别喜欢。随后，他们又丰富汤汁种类，研发出金汤肥牛、麻辣肥牛等多种口味，这些口味的肥牛盒饭一经推出便广受旅客喜爱，成为高铁餐饮的主打产品。

“民以食为天，食以安为先。高铁餐饮关乎中国高铁的声誉和形象，不能有半点马虎。”姜少政从食品安全的源头抓起，团队选用的食材均通过正规渠道向社会招标，采用优质原材料。他们还专门建设了品控室，对原料农残进行化验，对盒饭进行抽样检验，把好食品生产“入口”“出口”大关。

做好高铁餐饮是门大学问。与平常做饭不同，在动车上，盒饭经过微波炉二次加热后，仍要保持营养和色香味不流失，这是一大难题。为此，姜少政将食材搬进研发室，邀请100多名体验者，请他们对刚出锅时的餐品和微波炉加热后的餐品进行品尝、投票，根据他们的体验，改进高铁营养餐使用的菜品和工艺。此外，他还根据食材特点规范食品加工工艺流程标准，推出“三步焖米法”、分装定量勺、分拣台等17项技术革新和小发明，解决了彩色印刷、新封膜技术参数校订等问题，提高了流水线生产效率。

与供应高铁用餐的冷链不同，热链要保证餐品温度，对出餐、配送的速度要求极高。2017年，中国卫生信息技术交流大会暨软件产品与设备展览会在青岛国际会展中心召开，27000份热链盒饭订单任务落在了姜少政等人的肩上。“必须在盒饭装好之后的两个小时内送到客户手中。”对此，姜少政团队完善热链套餐的生产模式，攻克了热链盒饭生产工艺、生产品类、生产流程等难关，顺利完成会议配餐任务，迈出了走向社会市场的第一步。

为满足旅客多样化的饮食需求，姜少政团队先后研发出鳗鱼饭、金针肥牛、麻辣大虾、酱牛肉、熏鲅鱼、海带面等36种特色美食，口味从咸鲜、麻辣拓展到金汤、酸菜、咖喱，融合川菜、湘菜等多种菜系特色，其中鳗鱼饭更是融入了日式料理特色，让旅客在高铁列车上就能遍尝美味。

如今，青岛“高铁中央厨房”每日套餐产量从2013年公司成立之初的2000份攀升至8000份，最高时达到1.2万份，推出的各类套餐得到广大旅客和社会团体的高度认可。

高铁餐饮的高品质让旅客们在长途旅行中有了不一样的用餐体验。如果说运行安全是国铁济南局发展的良心，那么餐饮安全则是济铁人的另一颗良心。无数个姜少政一样的高铁大厨用个人经历记录着列车餐饮的点滴变化，也见证着中国铁路的飞速发展。

姜少政所在的公司在通过了 QS（现称 SC）认证之后，又顺利通过国际 HACCP 和 ISO 22000 食品安全管理体系认证，成为全路首家获得此认证的食品企业。69 项营养套餐生产标准被山东省卫生厅定为“调理盒饭”行业标准。姜少政本人也获得了山东省“富民兴鲁”劳动奖章、全国铁路优秀共产党员、全国铁路劳动模范、国铁济南局“最美工匠”、国铁济南局劳动模范等多项殊荣。

一切为了人民。中国铁路的建设和发展对拉动地方经济发展具有重要意义。我们相信，有了济铁人的不懈努力，人民的出行会更加安全、高效、便捷，人民的生活向往会更美好，人民共同富裕的道路会越走越宽广。

四、风和正宜万里行

大船行驶在惊涛骇浪的大海上，行得正不正、驶得稳不稳，全靠掌舵者。

穿越百年历史风云，一个真理昭示未来：没有中国共产党，就没有新中国，就没有中华民族伟大复兴。无论是在革命战争年代还是在国家建设、改革开放时期，我们党始终高度重视“坚持和加强党的建设”，旗帜鲜明地指出“党政军民学，东西南北中，党是领导一切的”。国有企业作为经济社会运行的“压舱石”，必须坚持党的领导。正如习近平总书记所强调的：“坚持党对国有企业的领导是重大政治原则，必须一以贯之；建立现代企业制度是国有企业改革的方向，也必须一以贯之。”

作为一个特大型国铁企业，国铁济南局党委面对新时代新征程上的新形势新任务，深入学习贯彻习近平总书记重要讲话和对铁路工作的重要指示

劳模先进代表为国铁济南局企业标识发布揭幕（绘图 / 刘军延）

批示精神，认真贯彻落实“两个一以贯之”要求，充分发挥把方向、管大局、保落实的领导作用，全面推行“党建入章”工作，把党的领导落实到企业治理各层级、各领域和各环节，通过厘清各治理主体权责边界，将健全完善党的领导贯通到基层站段和非运输企业的工作机制，把党的政治优势、组织优势和群众工作优势转化为企业治理效能，确保全局始终沿着中国特色国铁企业改革发展的正确方向不断前进。

他们坚持深化创新理论武装，常态化理论学习、基层调研、课题研讨论证已成为决策部署前的必选动作。他们牢牢抓住思想政治工作这条主线，坚持守正创新，因时而进、因事而化、因势而新，全面加强和改进基层思想政治工作，切实把党的政治优势、组织优势和群众工作优势转化为推动高质量发展的坚强保障。

怎样让基层思想政治工作管理更“实”，是他们一直追寻和实践的课题。近年来，国铁济南局党委结合自身实际，着力解决思想政治工作“做什么、由谁做、怎么做”的问题，从完善制度办法入手，对宣传工作进行系统性规范，制定印发了《关于加强新时代宣传工作的意见》，从全面加强理论武装工作、思想政治工作、新闻舆论工作、文化济铁建设等7个方面系统谋划22项重点工作，明确每一项重点工作的基本要求、基本制度、实施要点、具体措施，为加强和改进基层思想政治工作提供了行动指南。

为着力构建大宣传格局，党委派出5个调研组召开基层座谈会42场次，察实情、听真话、取真经，调研发现93个问题，征集62条意见建议，确保即将出台的实施办法更符合实际、更接地气。就像聊城北站30多名职工与党委调研组工作人员之间热烈交流时说的那样：“构建大宣传工作格局，最重要的就是树立‘一盘棋’意识，真正把干部职工的心聚起来，拧成一股绳，鼓足干事的劲儿。”

为进一步夯实思想政治工作基础，2022年，国铁济南局党委将基层思想政治工作示范创建延伸至30个车间，明确了职工政治学习、思想教育引导等5个方面的创建标准，使创建工作有目标、有抓手。

一针不补，十针难缝。职工思想动态预警机制是确保队伍稳定的有效举措。针对疫情期间职工关注的异地通勤、集中管理等问题，党委及时下发思想预警提示，开设“身心放松、战胜疫情”“不良情绪的缓解方式”等心理辅导课，加强政策解读，针对基层一线出现的各类思想问题及时加以解决和疏导。

他们在做思想政治工作中发现，理论武装不强化，基层思想政治工作的根基就不牢靠。为此，他们着力解决政治理论学习枯燥无味、走口不走心等问题，在500余名副处级领导人员参加的6期领导人员专题培训班上专门安排了中心组学习模拟演练“实践课”，领导人员聚焦问题导向，寻短板、找差距，在理论学习中寻找解决实际问题的答案。针对基层单位学习过程中存在的组织不规范、内容针对性不强等突出问题，采取中心组成员列席旁听、举办各级各类培训班、共享专题学习资料等方式，推动党的创新理论学习走深、走实。

同时，国铁济南局党委进一步推动思政教育进课堂，围绕党的创新理论、党纪法规、形势任务等建立教学模块，动态优化专题课程，并将培训内容纳入学员结业考试，由人事部、职工培训部列入教培工作考核项点，确保学习培训效果。

搞好职工政治理论学习是扎牢思想政治工作根基的基础。他们打破原有的“一刀切”模式，组织各单位结合自身情况，推动职工政治理论学习提质增效。济南西机务段、青岛电务段等单位采取分众化学习方式，针对点多线长、人员分散、轮班制等实际情况，利用视频会议软件开设“云课堂”，确保休班人员不缺课，推动职工业务素质、政治素质“双提升”。济南工务段对政治理论学习落实情况较差的班组下发整改通知书，以问责常态化督促政治理论学习规范化。

在扎牢思想政治工作根基的基础上，他们开动脑筋，寻求让基层思想政治工作方法更灵活的方式方法和载体。在探索实践中，他们感到，创新思想政治工作方式方法关键在于思想创新、机制创新。

为加强和改进新时代基层思想政治工作，他们运用系统思维，逐级建立和推行“解疑释惑”工作机制，旨在畅通职工诉求表达和问题解决主渠道，推动基层一线热点、难点、疑点问题的闭环解决。2022 年以来，共征集各类问题 1481 件，做到件件有答复、事事有落实。济南站等单位鼓励职工代表带头反映职工群众关心、关注的问题，搭建起直通一线的“连心桥”。青岛站开发“解疑释惑”信息平台，与职工思想动态分析有机融合，有效提升了职工思想动态分析的针对性。济南西工务段等单位将问题解决答复与一人一事思想政治工作相融合，不断提升思想政治工作质效。

榜样的力量是无穷的。突出典型引领，是让基层思想政治工作效果更强的好办法。他们高度重视“身边的榜样”的挖掘与宣传工作，大力开展“感动济铁十大楷模”“济铁工匠”“杰出青年”等先进典型的选树表彰工作，通过层层选拔和系统评比，选出10名在各个领域叫得响、推得出的楷模人物，对46名劳模代表和首席专家进行重点培养、选树和宣传。同时，他们在济铁全媒体平台开设《身边的榜样》《济铁星光》典型人物专栏，办好《党旗在基层一线高高飘扬》《讲好新时代济铁故事》等栏目，编发《风采》171期，挖掘报道1000多个有温度、有情怀、有筋骨、有深度的人物故事，强力释放榜样引领效应。高铁“王牌试飞员”孔祥配入围2022年度“新时代铁路榜样”候选名单，“营销大拿”孟照林当选2020年度“最美铁路人”，中国高铁“平顺大师”吕关仁参加国务院新闻办公室“改革开放与中国高铁发展”中外记

“文化大篷车”到一线慰问演出（绘图/袁昊）

者见面会。

更多的先进人物从“幕后”走到“台前”，亮相中央级媒体平台。国铁济南局的广大职工自觉对标先进、见贤思齐，激发了济铁人建功新时代、推动铁路高质量发展的强大动力。

他们大力实施企业文化建设提升工程，推进“一主两辅多点”文博场馆建设，统筹品牌创建、文艺创作、文化服务、文旅融合，先后建成济南西综合引领示范站区、胶济铁路博物馆、胶济铁路青岛博物馆和济西铁路工业旅游研学基地等，编纂发行《文韵济铁》《山东铁路（1899—2021）》《胶济铁路》等企业文化丛书、年鉴史料，持续提升企业发展软实力。“文化济铁”展示出独具特色的行业气质和时代特征。

国铁济南局所属下的济西站区，路网位置突出、人员作业集中、专业门类齐全，是济南局和全路具有重要地位和影响的站区，也对推进站区文化建设发挥了十分重要的引领作用。

2020 年国铁济南局工作会议做出“全面打造济西综合引领示范站区”的重要部署，着力推进信息化、智能化、生产生活一体化发展的站区管理新模式，如依托 CIPS（铁路列车编组站综合自动化系统）平台，将局站一体化、国铁检修车、运安、TDMS（铁路运输调度管理系统）系统深度融合，共享机车、车流、机班、运行线等信息，打通了车站、调度所、车辆、机务之间信息壁垒，让调度所看得更细、车站看得更远。基于 CIPS 编组站综合自动化系统研发职工作业行为智能分析系统，让生产组织更便捷、安全保障更有力。推广济西站区做法，放大济西示范引领效应，车务系统不断推进信息化、智能化和技防手段应用。

经过多年持续努力，综合引领示范站区创建取得阶段性成果，确定的 72 个重点示范引领项目已全部落地见效，其中 10 余个项目已经达到全路领先水平。2021 年 7 月，国铁济南局召开济西综合引领示范站区建设推进会，组织

济西机车公园：独具特色的铁路研学基地（绘图 / 徐思嘉）

现场观摩和会议交流，推动重点示范项目由先行先试转向全面推开，形成“百花齐放春满园”的扩大效应。

2022 年，他们逐步向兖州北、刘庙、黄岛、聊城北、东风等重点铁路站区延伸，向其他具有相同和类似场景的、基础的站区复制推广，由“先行先试、典型示范”转向全面推开，充分发挥安全经营服务文化引领作用。

2023 年，初春时节，万物勃发，一股铁路文化建设热潮又从齐鲁大地蓬勃兴起。沿黄河、沿大运河、沿齐长城、沿黄渤海、沿胶济铁路线“四廊一线”文化体验廊道和“十大展示带”建设全面启动，推动山东在国家文化公园建设中“走在前”，打造山东文化“两创”新标杆。

“四廊一线”5 条文化轴线覆盖全省 16 地市、93 个县（市、区）、1200 多个乡镇、7000 多万人口，贯通轴线内外曲阜、淄潍、泰山、崂山四大传统文化传承创新片区，融通沂蒙、胶东、渤海、鲁西四大红色文化片区。这八大片区拥有泰山、曲阜孔庙孔林孔府、齐长城、大运河（山东段）4处世界遗产，以及全省大部分国家级历史文化名城、国家级重点文物保护单位、A级以上景区。可以说，“四廊一线”连点、串线、成片，具有引领国家文化公园形成、贯穿文化交通线脉、示范文化体验廊道、支撑文化片区建设、深度融合文旅发展的重大而深远的意义。

建设文化体验廊道是山东加强国家文化公园（山东段）建设的重大举措，是推动文化旅游融合高质量发展的重大工程，受到山东省委、省政府高度重视。融入文化体验廊道建设计划，既充分发挥了国铁企业通衢九州、客畅天下的优势，推进文化旅游资源串珠成线、广泛传播，促进了山东铁路事业贯彻新发展理念，实现更加全面、更可持续、更高质量发展，也推动了国铁济南局企业文化高品质的展示和传播。

企业发展战略，实质是人才驱动战略。国铁济南局坚持“英雄不问出处”的原则，深入实施人才强局战略，统筹推进三支队伍建设，努力培养更多的

“行走百年胶济·高铁环游齐鲁”冠名列车从济南西站首发（绘图 / 刘军延）

创新团队、青年科技人才和铁路工匠，充分激发各类人才的创新创造活力。

济南西机务段将培养青年人才作为战略性和紧迫性任务抓实抓好，通过精准化岗前培训、多层次搭建“舞台”、全方位激励成长，不断服务青年进步需求，促进青年全面发展，努力形成人人渴望成才、人人努力成才、人人皆可成才、人人尽展其才的良好局面，让各类人才的创造活力竞相迸发、聪明才智充分涌动。

为了给青年职工提供展示特长、人生出彩的机会，济南西机务段建立“立功竞赛活页夹”，及时锁定在各项工作和比武竞赛中表现突出的青年人才；不断强化“双库”人才建设，建立本段130名以优秀大学生为主的年轻干部人才储备库和15名领导人员储备库，实现备而为用、备而能用、备而有用、备用结合、动态管理、优胜劣汰，形成能进能出的管理机制。

济南西机务段建立完善《大力发现培养选拔优秀年轻干部实施细则》《优秀年轻大学生挂职锻炼办法》《青年人才持续培养实施办法》等人才选拔培养机制，夯实以车间为培养主体的基础培养阶段，抓实以车间、段为培养主体的骨干培养阶段，强化以段党委为培养主体的重点培养阶段，逐层落实培养责任，多渠道搭建成长平台。安排青年大学生到基层班组历练，根据学历、专业、工作业绩定向选拔部分优秀人才到关键岗位助勤、轮岗学习及挂职锻炼，提高综合素质和工作能力。

在这一基础上，济南西机务段深入推进“项目＋人才”培养模式，组织以青年骨干为主的4支管理团队和24支攻关团队开展重点课题攻关，在压担子、解难题、保安全、创效益中不断成长。以国铁济南局劳模贾乾峰为负责人的“技能大师工作室”，针对列车操纵、LKJ操作进行课题研究，总结了“三早、三不、三标准”工作法和“434列车操纵法”，在机车乘务员中推广应用。紧扣运输工作重点，他们在瓦日队建立“先行”创新工作室，形成了万吨重载牵引模块攻关成果；统筹机车检修人才，建立“拓荒牛”创新工作室，解决了 HXN3B 型机车故障维修、新型机车高价值配件自主修等技术难题。近两年来，济南西机务段先后有电力机车受电弓升弓助力装置、机车电气数据检测分析系统等科研课题获得国铁济南局科技进步奖。“HXD3 型机车主变流器检修”攻关小组节约成本提升质量，获得“全国优秀质量管理小组”的荣誉。

牵住火车的“牛鼻子”，路就会越走越顺。全国人大代表、济南机务段化验室主任兼高级工程师王娟持续探索提升普速列车牵引机车人工探伤检修质量和效率。作为一名铁路基层单位的高级工程师，王娟带领攻关小组，积极研究开发轮箍轮辋全聚焦相控阵探伤新系统。简单来说，这个系统就是一个“小坦克”探伤车，由检测爬行器、相控阵软膜探头、水箱车组成，具有探伤效率更高、劳动人力更省、检测精度更准、工作环境更安全四大优势，填补了技术空白。

轮箍轮辋全聚焦相控阵探伤新系统解决了普速列车牵引机车人工探伤检修质量和效率的问题，目前项目已经完成结题。这是全国铁路首个普速客运机车检修“高铁化”科研项目，将助力我国机车轮对探伤走向智能时代。

谈到今后的工作方向，王娟说：“探伤工作无止境。我将持续探索新的探伤方法，推进探伤智能化进程，筑牢安全基础，为推动铁路高质量发展贡献力量。”

2023 年伊始，国铁济南局在制定今后总体工作思路时，面对安全稳定、经营创效、铁路建设、改革创新、全面从严治党等诸多新形势、新任务、新要求，深感挑战严峻、责任重大、使命在肩，审时度势地提出要弘扬“严、真、细、实、快”的工作作风，催动作风建设这一长效根本动力，作为高质量发展的有力“推手”，开启了新的奋斗征程。

大道之行，壮阔无垠。一趟趟飞驰的高铁列车、一列列奔跑的货运班列，在齐鲁大地铺就了一条条生态之路、开放之路、崛起之路、幸福之路。可以预见，在不久的将来，齐鲁大地上一批设施设备配套完善、现代高效的综合交通枢纽将亮丽呈现，铁路与其他运输方式一体衔接将更加高效，在区域综合交通运输体系中发挥重要作用。

让我们以一首诗来作为这本书的结尾，祝愿国铁济南局在先行之路上接续书写新的奋斗史诗。

这是以中国速度造就的铁路
高举自主创新的大旗
经济发展的运输通道一笔绘就
让那些美国人、德国人、日本人……
露出惊叹的目光
这是运载着幸福和希望的铁路
建设物流园、开行“齐鲁号”班列
心贴着动车轮轨飞翔
梦幻般畅游于彩云之上
这是红花绿树成荫的铁路
从扶贫“庄户列车”到网红打卡“慢火车”
从每个车站独具特色的服务品牌
到“齐鲁大动脉”矩阵成行
连接起荷香蟹肥的湖泊、河流，肆意奔跑
这是让国计民生绽放出灿烂笑容的铁路
发展战略搭上动感的节奏
穿过无数青山绿水，抵达梦中的殿堂